BI ER GAI CI

比尔·盖茨的故事

王艳娥◎主编

榜样的力量

榜样的力量是无穷的，好的榜样能给我们积极的思想、正确的行为、良好的习惯、完善的人格。树立了榜样就等于找到了自己前行的方向。

榜样是无比强大的力量源泉。

北方妇女儿童出版社

图书在版编目（CIP）数据

比尔·盖茨的故事 / 王艳娥编著. -- 长春：北方
妇女儿童出版社，2010.2（2021.1重印）
（榜样的力量）
ISBN 978-7-5385-4373-5

Ⅰ.①比… Ⅱ.①王… Ⅲ.①盖茨，B.—传记—少年
读物 Ⅳ.①K837.125.38-49

中国版本图书馆CIP数据核字(2010)第020179号

比尔·盖茨的故事
BIER·GAICI DE GUSHI

出 版 人：	刘 刚
责任编辑：	张 力　刘聪聪　于 潇
开　　本：	650mm×960mm　1/16
印　　张：	12
字　　数：	128千字
版　　次：	2010年2月第1版
印　　次：	2021年1月第6次印刷
印　　刷：	三河市三佳印刷装订有限公司
出　　版：	北方妇女儿童出版社
发　　行：	北方妇女儿童出版社
地　　址：	长春市福祉大路5788号
电　　话：	总编办：0431-81629600

定　　价：33.80元

序言

　　"江山代有才人出"，在人类历史的长河中，涌现出一大批影响世界的风云人物。他们或者是杰出的政治家，凭着超乎常人的坚强毅力为国家和民族的前途引路；或者是卓越的科学家，为探索自然奥秘、改善人类生活而不懈努力……总之，他们由于在某一方面做出了杰出的贡献，已成为历史长河中的航标，引领着人类走向更加深邃的精神世界和更加精彩的物质世界。

　　这套丛书不仅告诉你名人成功的事实，更重要的是展示他们奋斗的历程，展现他们在失败和挫折中所表现出的杰出品质，从中我们可以吸取一些有益的精神元素。

　　这套丛书具有以下几个特点：

　　一是人物全面。本套丛书精心选取了从古至今，全世界40位具有代表性的政治家、科学家、文学家、艺术家……这些人物均在各自的领域做出了卓越的贡献，对人类历史产生了重大影响，因此被广为传颂。

　　二是角度新颖。本套丛书不是简单地堆砌名人的材料，而是选取他们富有代表性或趣味性的故事，以点带面，从而折射出他们波澜壮阔、充满传奇的人生和多姿多彩、各具特点的个性。

　　三是篇幅适当。每篇传记约10万字，保证轻松阅读。本套丛书线索清晰、语言简洁、可读性强，用作学生的课外读物十分理想，不会加重他们的负担。

　　四是一书多用。本丛书是一部精彩的名人故事集锦，能够极大地开阔青少年的视野，同时还可以作为中小学生的写作素材库。

　　培根说："用名人的事例激励孩子，胜过一切教育。"榜样的力量是无穷的，而名人是最好的榜样，向名人看齐，你将离成功更近！

人 物 导 读

　　今天，如果你的办公桌上有一台个人电脑，里面都装有微软的操作系统。这就是盖茨当初从哈佛退学创办微软时怀揣的梦想，如今他的梦想实现了。比尔·盖茨使个人计算机成了日常生活用品，并因而改变了每一个现代人的工作、生活乃至交往的方式。因此有人说，比尔·盖茨对软件的贡献，就像爱迪生对于灯泡。提到比尔·盖茨，必会让人联想到微软，而提到微软，也必会让人想起比尔·盖茨。他创造了一个无法复制的微软帝国的软件神话。

　　比尔·盖茨，又被封为威廉·亨利·盖茨三世爵士（William Henry Gates III KBE），他长着一副顽童面孔，被称为"软件之神"和"经营之魔"，他在全世界实现了计算机软件的霸权，是信息时代的代表人物，作为全球首富，他拥有的财产相当于几个国家一年的产值，有人非常崇拜他，有人特别憎恶他，但是没有人可以漠视他。2005年，盖茨被英国伊丽莎白二世女王授予英帝国爵级司令勋章（KBE）。

　　能够取得这样骄人而又叫人赞叹不已的成绩的名人，怎能不令人刮目相看？微软成功之后，盖茨又开始了生命中的新旅程——从世界最富有的人转型为世界最大的慈善家。

　　本书较详尽地向读者讲述了这个IT业奇才从出生到退休的故事，去掉伟人身上的层层光环，再现创造神话的巨人拥有怎样的天赋才华和特质魅力，为您展现巨人背后的世界，探寻一个真实的比尔·盖茨。

CONTENTS 目录

CONTENTS

第一章

成长的路程

◆ 特立独行的小天才
◆ 在磨炼中学会坚强
◆ 童趣中显露的"经济头脑"
◆ 与计算机结下不解之缘
◆ 计算机引发的"生意经"

❋ 特立独行的小天才 ❋

他是一个天才，13岁开始编程，并预言自己将在25岁成为百万富翁；他是一个商业奇才，独特的眼光使他总是能准确地看到IT业的未来，并用独特的管理手段，使得不断壮大的微软能够保持活力；他的财富更是一个神话，39岁便成为世界首富，并连续13年登上福布斯榜首的位置，这个神话就像夜空中耀眼的烟花，刺痛了亿万人的眼睛。这个总是在不断创造奇迹的他就是著名的微软公司主席和首席软件设计师——比尔·盖茨。他率领的微软公司是为个人计算和商业计算提供软件、服务和Internet技术的世界范围内的领导者。截止于2008年，微软公司收入近620亿美元，在60个国家与地区的雇员总数超过了5万人。

◎微软公司：创建于1975年，总部设在华盛顿州的雷德蒙市。目前是全球最大的电脑软件提供商。其主要产品为Windows操作系统、Internet Explore网页浏览器及Microsoft Office办公软件套件。

比尔·盖茨的童年是在美国华盛顿州的西雅图度过的，西雅图是美国波音飞机公司的制造基地，全市职工近半数在这家公司工作，所以人们也把西雅图称为波音城。它和旧金山、洛杉矶并列为"美国西海岸"的三大门户。

1955年10月28日，比尔·盖茨出生在这个美国西北部最大的海岸城市。盖茨的老家在离西雅图不远的布雷默顿。

比尔·盖茨的父亲威廉·亨利·盖茨是个身材魁（kuí）梧，喜欢运动、性格拘谨、不太健谈的人。他的父亲经营家具店，家里并不富有，社会地位也远远算不上显赫。1943年老盖茨高中毕业后应征入伍，过了两年，他又进入了乔治亚州本宁堡军官培训学校，1946年退役后到华盛顿大学法律系念书。在那里，通过朋友的介绍，他同玛丽·马克斯韦尔相识。

玛丽于1929年出生在西雅图市一个名门世家，她的祖父马克斯韦尔曾做过华盛顿州南本德市的市长和州议会议员。1906年，他举家迁往西雅图，在那里创建了美国城市银行。这家银行不久就成了全国的知名银行。玛丽的父亲詹姆斯·威拉德·马克斯韦尔在华盛顿大学毕业后，就在父亲的银行里做信差。他善于交际，喜欢参加各种社团活动。后来，他成了美国九大银行之一的太平洋国民银行的副总裁，是声名显赫的大银行家，拥有巨大的财富。玛丽的母亲就是她父亲上大学时认识的，她性格活泼，喜欢体育运动，曾是学生中的佼佼者。玛丽的祖父给儿女们留下了大笔财富，但是这个家庭却鄙（bǐ）视穷奢极欲的生活方式，不喜欢炫耀财富和地位。后代们都遵循祖父的传统，过着简朴的生活，崇尚良好的教育。这个优良的传统也被玛丽继承下来。

1950年，老盖茨从华盛顿大学毕业回到老家，做助理辩护律师。过了两年，玛丽也毕业了。不久他们就结了婚，并且把家从布雷默顿迁到西雅图。玛丽到一所学校做教师，老盖茨进了一家私人律师事务所上班。

几年之后，老盖茨与玛丽的爱情结晶，后来享誉世界的

比尔·盖茨出生了。小盖茨的出世，为这个原本就已经幸福平和的家庭更增添了喜气。

母亲玛丽望着自己可爱的孩子问："给他取个什么名字呢？"

父亲高兴地回答："我已经在他的出生证明上填上威廉·亨利·盖茨了，同我的名字一样。"

不过，外婆喜欢叫这个孩子为"小比尔"，后来大家也就习惯地称他为"比尔·盖茨"。

就这样，小盖茨一家过着其乐融融的日子，彼此相处得十分亲密和睦。

比尔·盖茨的父亲向来是一个进取心很强、有远大抱负的人。他稳重老成，德高望重，在法律界口碑极好。他做过华盛顿州律师协会主席，还出任过全美律师联合委员会主席。比尔·盖茨的母亲玛丽则一直是这个家的中心人物和驱动力。她性格温和，举止典雅，处事却不乏果断。比尔·盖茨出生后，她就不再去学校教书，而是留在家里悉心照顾孩子。不过她对社会工作依然怀有极大的兴趣，稍后的日子，她成了一名社区服务人员，在西雅图历史和发展博物馆做义务讲解员，常去各个地方的学校为学生们讲解本地文化和历史。同在教育界一样，她在社交界也渐渐享有了极高的声誉。良好的家庭氛围为小盖茨提供了很好的成长环境，父母端正的行为品德也成了他生活中的模范榜样。

每天小比尔一家的用餐时间，都是一场激烈的讨论会。无论男女老少，都喜欢在饭桌上谈论各种各样感兴趣的问题，其中主要是他们各自的活动和经历。后来，等到孩子们长大了些，也常常谈论有关他们今后工作的事情。比尔·盖茨回忆

说："我家的生活非常丰富多彩，我们可以在家中学到许多东西。大家最喜欢的事情是读书、聊天和做各种游戏。"

比尔·盖茨从小好动，精力旺盛，有趣的是这个家喻户晓的大名人有个爱摇晃的习惯，这一习惯的养成应当说是他与生俱来的特性。据说在婴儿时期，每逢摇篮有节奏地摇晃时，小比尔就会表现得极为欢喜。长大些后，他又在一匹玩具木马上体验到了摇晃的快乐。就这样，这个独特的癖好一直保持到现在，以至于传染给了身边的每一个人，并成为微软公司的一种特别景观——只见微软公司的经理们在开会时，一大群人坐在靠椅上，一边唧唧喳喳地讨论，一边同总裁一起摇摇晃晃，场面实在有趣！

盖茨很小就表现出了与众不同的性格，他头脑灵活，十分聪明，对于同龄孩子们聚在一起玩的游戏不感兴趣，更愿意一个人呆在一边做自己喜欢的事情。他办事执著，只要是他想做的事情，就一定会努力做到最好，如果是与别人比赛，他更要坚持胜过所有的人。比赛和竞争的激烈、残酷让他有着强烈的出人头地的愿望。为了达到自己的目的，小小年纪的他从来不受环境和舆（yú）论的左右。

一天，他与姐姐玩拼图板游戏。突然，小比尔把手里的拼板重重地摔在地上，嚷着："我不拼了！"

姐姐捡起摔在地上的拼板，来到他跟前，哄着他说："好弟弟，你怎么了？"

小比尔抹了下眼睛，说："我老是拼不好，可你总是拼得又快又好……"

姐姐笑了笑说："好弟弟，谁一开始也不能拼得又快又好啊，等熟练了就好了。我教你，你又不让，总认为自己能行……"看，年幼的小比尔是多么地倔强，努力想要靠自己一个人的力量超过别人。

还有一次，父亲的朋友泰勒来做客。泰勒是一位牧师，他听说比尔·盖茨读了很多书，就想考考他。

"比尔·盖茨，你读过《圣经》吗？"

"读过。"

"那你能给我背诵一段'登山宝训'吗？"

"登山宝训"是《圣经》中最难懂的一

◎《圣经》：基督教的正式经典，又称《新旧约全书》。被奉为教义和神学的根本依据。内容包括历史、传奇、律法、诗歌、论述、书函等。分为《旧约》与《新约》两大部分。

段，长达几万字。在此之前，泰勒还从未遇到过一个能够背诵出"登山宝训"的人。

比尔·盖茨毫不在意地坐在沙发上，摇着小脑袋开始背诵："耶稣看见这许多的人，就上了山，既已坐下，门徒就来到他跟前，他开口教训他们说……"

渐渐地，泰勒惊呆了，他赞叹说："真是不可思议，这么小的孩子，居然有这样不可思议的天赋！"

有一年比尔·盖茨过生日的时候，大人们送给他很多精美的礼物，但是他都不喜欢。

爸爸问他："那你想要什么？"

"我想要我刚才读的那本《世界图书百科全书》！"

"你能看懂那本书吗？"爸爸有些惊讶。

"能看懂！上面有文字，还有图，我能看懂。"小比尔十分自信。

妈妈看了爸爸一眼，微笑着对比尔·盖茨说："好吧，那就送给你当生日礼物。"

"太好啦！"比尔·盖茨高兴得又使劲在椅子上摇晃起来。"这是我最好的生日礼物！"

这时候的盖茨刚满8岁，他已经是里奇景小学的一名小学生了。

这年夏天的一天傍晚，比尔的同学爱德蒙来到比尔家。

"比尔在家吗？"爱德蒙问客厅里正在忙碌的盖茨的外婆。

外婆说："半天没看见他了，会不会在他的房间里？"

爱德蒙来到比尔的房间外，房门紧闭，用手一推，里面已经锁上了。他拍了拍门，高声喊道："比尔，我是爱德蒙。"

屋里没人应声。

外婆走过来，说："他会不会又躲到他爸爸的书房里看书呢？"

她领着爱德蒙来到比尔父亲的书房，推开门一看，果然，比尔坐在沙发上，怀里抱着一本大厚书正聚精会神地读着。外婆笑了笑，转身离开了。

"嗨！比尔，看什么书呢？"爱德蒙走进屋，好奇地问。

比尔抬起头，随口说道："《百科全书》，这部书上的知识可多啦！你知道毛毛虫怎么变成蝴蝶的吗？你知道无毒蛇有多少种吗？你知道……"

爱德蒙有些不满意，他打断比尔的话，说："我当然不知道，我又没看这本大厚书。比尔，这么厚的一大本，你什么时候能看完呀？"

比尔合上书，站起来伸了个懒腰，又踢了踢腿，说："总能看完的，我长大了，会看得更快。"

比尔知道爱德蒙来找他肯定是邀他出去玩，就问："我们是去滑水橇（qiāo），还是去玩克朗球？"

爱德蒙说："随便。"

比尔把大厚书放回书架，领着爱德蒙来到他自己的房间。爱德蒙看见比尔的小书架上摆满了新书，就问："你又买了这么多书？"

比尔一边换衣服，一边说："不少是爸爸妈妈给我新买的。我很爱读这些历史伟人传记，他们都很了不起。你看这两本，《麦田里的守望者》和《各自的和平》，写得好极啦！"

> ◎《麦田的守望者》：作者杰罗姆·大卫·塞林格，1919年生于美国纽约城，因此书一举成名。

就这样，童年的比尔·盖茨从《世界图书百科全书》中获取了大量的知识，同时也发现了这部百科全书的不足之处。在阅读这部百科全书之后，比尔·盖茨就产生了一个想法：将文本和图片同声音和动画结合起来。长大后的他说："笨重的书卷里仅包含文本和插图。它能够说明爱迪生的留声机外观怎样，却不能让我听听它刺耳的声音；它有毛毛虫变成蝴蝶的照片，却没有图像将这一变化栩（xǔ）栩如生地呈现出来。如果它能就我所读的内容进行测验，或它的信息能够与时代同步，那真是锦上添花。当然，那时我并没有意识到它的这些缺点。尽管如此，我还是很喜欢这部百科全

书，并坚持读了五年，一直读到上中学。"这一想法在30年后终于成为现实。他的微软公司编制了名为Encarta的软件。在一张小小的光盘上，第一版就收有2.6万个词条、900万字的文本，还包括总共8小时的声音、1000幅照片、800幅地图、250张图表和表格、100多张动画和视频录像。只要把这张光盘放进一台多媒体家用电脑里，就可以图文并茂地尽情欣赏这部非凡的百科全书。不得不说，童年的体验在盖茨以后的事业中占据很重要的一部分，正是有了年少时的希望和梦想，才为他的事业注入了新的元素。

随着盖茨看的书越来越多，他想的问题也越来越多，而且更加复杂化。有一次他忽然对卡尔·爱德蒙德说："与其做一棵草坪里的小草，还不如成为一株耸立于秃丘上的橡树。因为小草千篇一律，毫无个性，而橡树则高大挺拔，昂首苍穹（qióng）。"

上学之后的比尔·盖茨也曾让爸爸妈妈很担心。

三年级时的一天，比尔·盖茨一放学回来就把自己丢到沙发上，满脸不高兴的样子。

妈妈问："怎么啦？"

"罗勃老师请你明天去学校。"

"为什么？"母亲有点意外。

比尔·盖茨突然脱口而出："我不想上学了！"

"怎么回事？"妈妈被小盖茨突如其来的话吓了一跳。

"罗勃老师讨厌我，我也讨厌他！"

第二天上午，比尔·盖茨的妈妈匆匆忙忙赶到学校。

就在走近比尔·盖茨教室门前的时候，里面忽然传来罗勃老师发怒的声音。

"为什么每次我叫你的时候，你都浑然不觉？都要伊丽莎白提醒你才会知道，你究竟在想什么？"

"我只是在想事情……"比尔·盖茨老老实实地回答道。

"还有，我昨天不是跟你说过吗？让你把桌子整理整理，瞧你的桌子乱成这个样子，简直比垃圾堆还要像垃圾堆。"

比尔·盖茨的妈妈一听就急了，爱子心切的她慌乱中冲进教室，把罗勃老师和全班学生都吓了一跳。

比尔·盖茨的妈妈再三向老师解释说，比尔·盖茨绝对不是一个坏孩子，也绝不是存心要与老师做对，他只是散漫惯了。罗勃老师则反复强调"秩序是一切的基础"、并不断向母亲数落比尔·盖茨的多项"罪状"："他在课堂上总是坐不住，身体老是晃个不停。这么爱动的孩子到了下课时间，反而又懒得出去玩耍，只是安安静静地坐在自己的位子上看书……"

面对师生间这样激烈突出的矛盾，再呆下去，只会引发更多问题，父母决定为比尔·盖茨转班。换一个环境，也许比尔就不会像现在这样充满厌恶。

新的班主任老师是卡尔森。一看到卡尔森老师，比

尔·盖茨的妈妈就放心多了，她想：至少她会笑！

为了避免发生之前同类型的事情，父母常常提醒比尔·盖茨，任何团体都有一定的规范，他也不可以太任性。然而，比尔·盖茨并不是不懂这些大道理，只是照他的说法，他总"管不住自己"，无法强制自己按老师的意愿做事。比方说，每次明明是在想着老师上课时刚刚说的一点什么问题，可是想着想着，身体就不知不觉地晃起来了。

就这样，无论比尔·盖茨怎样努力，他都一直不太适应学校的生活。四年级的时候，爸爸妈妈不得不认真考虑要不要让比尔·盖茨降级一年。

为此，校长特别邀请了比尔·盖茨的新班导海瑟·卡尔森女士，和比尔的爸爸妈妈一起讨论。

校长说："其实降不降级都不是最重要的，最重要的是我们希望让每一个孩子在学校里都能很快乐。"

比尔·盖茨的妈妈连连点头说："我也希望比尔·盖茨快乐，所以才会做要不要降级的考虑。我们觉得他似乎能跟得上，虽然他总是不肯写作业，而且班上同学好像也没有几个是与他玩得来的。"

校长问卡尔森老师："卡尔森女士，您认为呢？"

"我倒不认为比尔·盖茨跟不上，我猜他只是太特别了，他不肯写作业，可能是觉得我出的作业太无聊了。"

"真的吗？您真的认为比尔·盖茨很特别？"比尔·盖茨的爸爸问。

"是的，表面上看他似乎很散漫，精神不集中，其实他的计算和阅读能力高出同年龄的孩子太多了。"卡尔森老师

举例说，比尔·盖茨虽然才9岁，可是已经可以把百科全书从A到Z一字不漏地读完。随便翻开哪页，问他几个问题，他都答得出来。还有一次，卡尔森老师要班上的同学阅读一本有关人体器官的书，这本书一共有14页。才一会儿工夫，卡尔森老师就看到比尔·盖茨把书本合了起来，一如既往地开始在椅子上晃动。

"比尔·盖茨，你看完了吗？"她问。

"是。"

"全都看完了吗？"卡尔森有些意外。

"是。"

"可是，别的同学都才只看了一两页呀！既然你都看完了，你讲给我们听好不好？这本书介绍了哪些器官？它们又有什么用？"

比尔·盖茨平静地回答："这些器官包括：眼睛，让我们看东西；鼻子，让我们呼吸；嘴巴，让我们说话，还有吃东西……"他真的准确地说出了书中的许多内容。

讲到"大脑"时，他竟然说："这是最重要的器官，它让我们想事情，如果有一天，我的大脑坏了，需要换一个新的，我一定要换一个聪明的。"

同学中有人故意问："如果聪明的人脑刚好缺货，只剩下聪明的小狗头呢？"

"那就换小狗头，我宁可要一个聪明的小狗头，也不要一个很笨的人脑。"比尔·盖茨毫不犹豫地回答道。

后来，老师给他所在的四年级学生布置了一篇有关人体特殊作用的作文，要求四五页的篇幅。结果盖茨利用爸爸书

房里的《百科全书》和其他有关医学、生理、心理等方面的书籍，洋洋洒洒一口气写了三十多页。

又有一次，老师布置同学写一篇不超过20页的故事，盖茨浮想联翩，竟写出长达100页的神奇而又曲折无比的故事来，使老师和同学们感到十分惊讶！大家评价他说："不管盖茨做什么事，他总喜欢来个登峰造极，不鸣则已，一鸣惊人，不然他是不会甘心的。"

听了卡尔森老师所讲的故事，比尔·盖茨的爸爸笑着说："想不到我儿子这么有个性！"

"我也觉得他挺有个性的，"卡尔森老师表示赞同，"比尔·盖茨似乎只愿意做他有兴趣的事。他最差的功课比如公民与道德，都是因为他不感兴趣，也许对他来说，这实在是太简单了。"

校长说："这么说，比尔·盖茨实在是一个很优秀的孩子。"

卡尔森老师又接着说："他是我所教过的学生中最聪明的一个，我估计他的智商在160～170！"

卡尔森老师望着有些茫然的比尔·盖茨夫妇，又强调说："我是学特殊儿童教育的，天才就是特殊儿童！"

"难道比尔·盖茨会是天才？"比尔·盖茨夫妇都有些惊奇。

经过卡尔森老师和校长耐心的解释，比尔·盖茨夫妇才打消了要让比尔·盖茨降级的念头。

校长和老师一致认为，比尔·盖茨是一个能力很强的孩子，他的思想更胜过他的能力！他们对小比尔的爱护和鼓励为比尔·盖茨的成长营造了很好的环境，最终没有阻碍他的发展，使他将这种能量最大限度地发挥出来。

✻ 在磨炼中学会坚强 ✻

　　暑假对于每一个小学生来说，实在是一件振奋人心的事情。这样的日子里，不必在每天清晨掐着时间急急忙忙地爬起来赶到学校，不必完成令人头疼的家庭作业。可以每天随心所欲地睡到很晚，可以和爸爸妈妈一起去旅游，可以约上几个要好的朋友到郊外爬山、下水池游泳……但今年暑假，比尔·盖茨不能出去玩，因为他所在的学校决定利用假期举行为期一周的50英里徒步行军。许多学生的父母担心自己的孩子会被累坏，不愿意让孩子参加这次活动，但比尔·盖茨的父母却鼓励他积极参与。

　　"你只有多参加集体活动，才能有更多的机会和其他同学接触，从中学到与人相处的经验，在生活中得到各种锻炼。"妈妈这样解释道。

　　活动开始的这天早晨，同学们都早早地集中到学校的操场上，背着行囊，排好整齐的队伍，等待出发。

　　比尔和爱德蒙站在队伍的最前面。

　　比尔穿着新买的筒靴，昂着头，挺着胸，觉得自己像个即将奔赴战场的小战士，浑身上下都充满了力量。

　　"出发！"大鼻子老师高喊一声。

　　同学们列队前行，踏上了徒步行军的艰苦路程。学校为了考验同学们，让他们多吃点苦头，得到真正的锻炼，早已制定好了一条最难走的路线。

　　队伍从城里出发，走在笔直宽阔的公路上，同学们感到

很轻松，一边走，一边嘻嘻哈哈地说笑着。

出城没多远，就拐上了一条山路，路面虽然崎岖不平，可由于刚刚踏上山路，一直生活在城里的孩子们被路旁美丽的乡村景色所吸引，也就不觉得有多么累了。

太阳越升越高，天也越来越热。

同学们开始出汗了，行进速度也开始慢了下来。

"同学们，坚持住啊，真正的考验还在后面呢！"老师大声地给同学们鼓劲。

比尔和爱德蒙并肩前行，依然走在队伍的最前面。好强的比尔在心里暗暗憋足了一股劲儿：自始至终，自己一定要走在最前面，绝对不能落下。

爱德蒙深知比尔从不甘落人后的性格，此刻，他要陪着好朋友一同成为最后的胜利者。

可是不知道为什么，一路上比尔老是皱着眉头，脸上也露出痛苦的表情。

好朋友爱德蒙发现他有些异样，"比尔，你怎么了？"爱德蒙关切地问比尔。

比尔看了看周围，生怕别人听到，低声说："没什么，就是这靴子有点大，磨得我脚有点疼。"比尔·盖茨的新筒靴略微大了一点，不太合脚，走路的时候，脚被磨得很疼。开始，比尔·盖茨没有太在意，但随着时间的流逝，他的脚越来越疼，靴子就像长了牙齿一样，每走一步，就毫不留情地咬一口他的小脚丫。疼痛难耐的他不得不放慢了速度，一瘸一拐地走着。

"那赶紧去找随队医生！"爱德蒙紧张地说。

"嘘——"比尔·盖茨拉住了爱德蒙，示意他小声些。

"我再坚持一下，也许就没事了。"

前面的道路越来越难走，已经完全由公路转到了山路上，路面坑坑洼洼，布满了大小不一的石块、石子，脚踩上去很不舒服。

比尔·盖茨仍旧一声不响地咬牙坚持着。

终于到了午休的时候。同学们有的累得躺在地上直喘粗气，有的在一边捶自己的腿，一边捶还一边嘟嘟囔囔地抱怨着什么。

比尔·盖茨趁人不注意溜到了一个僻静的地方，坐在一块石头上，慢慢脱下靴子，只见两只脚的后跟都磨出了一个拇指大小的水泡。他迅速地把一块手帕撕成两半，缠好两只脚，然后又慢慢地穿上靴子，不声不响地回到了队伍当中。

下午的路似乎更加漫长。山路越来越艰险，肩上的背包也感到格外的沉重。比尔·盖茨感觉到靴子里面湿漉漉的，脚上的疼痛虽然稍稍减轻了些，但那里的神经还是一跳一跳的疼。就这样，第一天终于按计划走完了8英里的路程。同学们浑身都像散了架一样，再也没有力气像出发前那样唧唧喳喳说个不停了，一个个东倒西歪。

老师和随队的医生给每位同学做了身体检查。

"比尔·盖茨，你的脚怎么了？干吗用手帕缠着？"

"没什么，老师。它只是起了两个水泡。"盖茨故作轻松地回答。

"解开看看。"

在老师的要求下，比尔·盖茨不得不顺从地解开脚上的

手帕，只见原本鼓鼓囊囊的两个水泡已经被磨破了，手帕上沾了斑斑的血迹。更糟糕的是，经过一个下午的煎熬，脚趾上也磨起了不少水泡。

医生为比尔·盖茨的伤口做了处理，用纱布缠好，并给了他两片止痛药。

"能坚持住吗？小伙子！"

比尔·盖茨坚定地回答："能！"

"好样的！"医生竖起了大拇指。

第二天，有几位同学掉队了。爱德蒙也不想再继续走下去了。坚强的比尔·盖茨不住地鼓励他，劝他继续走下去。

第三天，天公不作美，飘起了蒙蒙细雨。同学们有的穿上雨衣，有的撑起雨伞，在泥泞的路面上一步一滑地继续艰难地行走。

比尔的靴子里灌进了雨水，走起路来哗哗直响，两只脚在鞋里不停地打滑。

他和爱德蒙手拉手，互相鼓励着，雨水和汗水顺着脸颊流了下来，流到眼睛里，又流到了嘴里。

此刻，比尔实在难以忍受双脚带来的剧烈疼痛，泪水在他的眼眶里不停地打转，他努力睁大眼睛，试图不让别人看到。

下午4时，同学们到达中途检查站。

经过详细的检查，医生确定比尔脚上的伤口已经发炎了。

医生板起脸，说："不能让他再走下去了。"他吓唬比尔："小家伙，别逞能了。你的脚伤发炎了，不赶快去治疗弄不好会截肢的。"

比尔虽然有些害怕，但还是固执地说："我不相信。"

老师说："这样吧，我给你母亲打电话，让她来告诉你，你的脚伤有多么严重。"

比尔的母亲很快驱车赶来，在她耐心的劝说下，终于把小比尔带走了。

回家的途中，比尔流着泪把自己的靴子扔到汽车外面，委屈地抱怨说："都是这双破靴子，害得我成了失败者。"

慈祥的母亲安慰儿子道："比尔，别这样说，你没有失败，你克服困难的精神和勇气连医生和老师都十分敬佩。你有这种精神，谁都会相信你一定能走完全程，并一直走在最前面。"

虽然这一次的徒步旅行让比尔充满了遗憾，但学校并不是只为学生举行一次这样的锻炼活动。

西雅图的6月是个多雨的季节。学校的童子军186队也总是喜欢选择在这样的季节出门远行，同上次一样，比尔·盖茨总是一个狂热的参与者。

"比尔·盖茨，你知道咱们这次出行的目的地是哪里吗？"好朋友爱德蒙问道。

"是去喀（kā）斯喀特山。听说那里山高路险、风景独特。"比尔·盖茨一副向往的神情，仿佛此刻已经看到了巍峨的山脉。

◎喀斯喀特山：太平洋海岸山脉的一部分，从美国加利福尼亚州北部向北延伸，绵亘至加拿大不列颠哥伦比亚省南部，全长1100多公里，海拔1800~2500米。

"最好老天别下雨，不然咱们可就遭殃了。"爱德蒙似乎对上一次行军途中突来的小

雨仍心有余悸。

队伍出发了。比尔·盖茨照例举着旗昂首阔步地走在队伍的最前面。

真是天有不测风云，一会儿工夫，乌云就聚成黑压压的一片，大雨就要来了。

带队的老师问道："勇敢的童子军战士们，前面就是喀斯喀特山。你们是想就地躲雨，还是准备继续前进？"

久经考验的小战士们异口同声地回答："继续前进。"

"考验你们的时候到了，前进！"老师大臂向前方一挥，队伍又继续浩浩荡荡地出发了。

通向山上的一条小土路泥泞不堪，踩上去又滑又软。

爱德蒙在身后喊："比尔·盖茨，我来帮你扛旗吧。"

"不，我要把它插在喀斯喀特山的顶峰。"有了上一次徒步行军的失败教训，此刻的比尔·盖茨变得更加坚强，他立志这次一定要取得胜利。

"比尔·盖茨，你的靴子都浸了水，浑身都找不出一块干的地方。"

"你不也一样吗，爱德蒙，我们都成了落汤鸡！" 比尔·盖茨哈哈大笑。

雨越下越大，队伍不得不停下来休息。然而，帐篷在风雨中不断地摇摆，无法牢固地支撑起来，同学们只得蜷缩在几块塑料布下面，做临时的避难所。

"比尔·盖茨，快进来躲一躲！"有同学大声招呼道。

"不，我要守护我们的大旗，一个军队的大旗绝不能倒下！"

"傻瓜，我们又不是真正的军队，干吗那么认真呢？"

"爸爸说了，来参加童子军就是为了锻炼吃苦精神！"

终于，雨过天晴，队伍整理行囊继续前进。因为受到了比尔·盖茨的鼓舞，同学们虽然浑身都湿透了，但士气仍然高涨。

童子军队伍行进到一座吊桥前。吊桥很高，离海面足有四五米，人走在桥上晃晃悠悠的。很多同学小心翼翼地爬上桥去，胆战心惊地抓住护栏向下望着。

"谁敢从这里跳下去！"不知哪个人喊了一声。

"我敢！"

同学们循声望去，只见比尔·盖茨扛着队旗从后面大步走上桥来。

爱德蒙在桥下大声叫道："比尔·盖茨，不要去！危险！"

"童子军战士是不怕危险的。"

"老师，比尔·盖茨要从这里跳下去！"见无法阻拦好朋友，爱德蒙随即大声喊着带队老师。

说时迟那时快，还不等老师赶上来，比尔·盖茨已大叫一声，连人带旗跳下了海。

一旁的几个同学失声尖叫。

比尔·盖茨一落入海水中，便不见了踪影，只剩下黄色的队旗在海面上漂浮着。大家都紧张地用目光找寻旗帜周围的动静。

爱德蒙领着老师慌慌张张地跑了过来。"老师，他在那里！"如同发现了新大陆，他兴奋地连蹦带跳用手指着某一点。

只见海面上突然冒出了一个小脑袋，比尔·盖茨正咧嘴朝桥上的人们笑着。"太过瘾啦！谁还下来呀？"

"噢……"岸上的同学一阵欢呼。

当比尔·盖茨连滚带爬地爬上岸时，老师十分严厉地批评了他："比尔·盖茨，你这样做太危险了。"

"真正的童子军战士是不怕危险的。"比尔·盖茨还是重复那一句，这句话似乎已经成了他的座右铭。

"你这种勇敢的精神值得表扬，但不能胡乱地去冒险，懂吗？真正的战士作战时，是要讲策略的，不能做无谓的牺牲！"老师耐心地解释着。

"是！长官，我懂了，要讲策略，不能胡乱冒险！"

童趣中显露的 "经济头脑"

这一天，是夏日活动的开始，大伙儿都兴高采烈地来到海边，准备在这里痛痛快快地玩几天。邻居小姑娘卡洛琳却有些闷闷不乐，此刻她正在生比尔·盖茨的气。

上个礼拜，她已经和比尔·盖茨讲好，下礼拜要一起去参加南西的生日派对，比尔·盖茨明明答应要当她舞会的男伴了，可是昨天她和玛格丽特通电话时聊到南西的生日派对，玛格丽特居然说她的男伴也是比尔·盖茨。

比尔·盖茨居然约了两个女孩子去参加同一个生日派对，这让卡洛琳极其不开心。而比尔·盖茨似乎以为她还不

知道这件事，居然不来道歉，也不解释，一到海边，只是远远地跟她招了一下手，算是打了招呼，就跑去和其他同伴打排球了。

卡洛琳生气地呆坐在沙滩上，赌气不过去跟伙伴们玩。不过，她的眼神还总是不时地偷偷瞄着比尔·盖茨。

"不行，我一定要找他问问，看他怎么解释！"比尔·盖茨正和他的姐姐克丽丝汀（tīng）说些什么，然后姐弟俩一起钻到帐篷里去了。卡洛琳下定决心，要在这个时候去找比尔·盖茨，要不然他一会儿可能又要去游泳了。

于是，卡洛琳起身拍拍屁股上的沙子，扭头向帐篷的方向跑去。她万万没有想到，刚才比尔·盖茨竟是在和姐姐"谈生意"。

原来，比尔·盖茨在出来度假之前，忘记将棒球手套放进背包中，现在，他很想和朋友们来一场沙滩棒球，却苦于没有棒球手套，就想跟姐姐克丽丝汀借。

克丽丝汀不答应。

"那我代你洗碗怎么样？洗一个礼拜？"

"什么'代'我洗碗！每次你洗完我还得检查，麻烦死了。"克丽丝汀撅（juē）着嘴。

"那我用零用钱跟你租好了，这总可以了吧？你说吧，租金要多少？"比尔·盖茨仍不死心。

"我要两块！"其实克丽丝汀的底价是一块，她出两块，是想预留一点空间让比尔·盖茨杀价。

比尔·盖茨不仅没杀价，反而还主动加价。"这样好了，我出5美元，可是不只租这次，以后只要我忘了带棒球

手套，你都借给我。"小小年纪的他果然很有生意头脑。

"行，一言为定。"

"不行，光说不可靠，要是哪一天你后悔了、记不清楚了或是你忘记了，怎么办？我们把约定写下来，这样大家都省事。"

"写下来！那多麻烦！"

"一点也不麻烦，我来写。"

于是比尔·盖茨从背包里翻出纸和笔，认真地立下他生平第一份合约。

就在这时，卡洛琳走进帐篷，一脸不高兴地瞪着比尔·盖茨说："比尔·盖茨，我可以跟你谈一下吗？"

"你来得正好！"比尔·盖茨拿着笔和合约，煞有介事地说："你先来当我们的见证人吧！"

卡洛琳就这样莫名其妙地被拉去签名。

"太好啦！"合约完成，比尔·盖茨乐得要命，马上和克丽丝汀"一手交钱，一手交货"。

克丽丝汀很满意，她昨天在商场里看到一副很喜欢的耳环，正好要5美元。

比尔·盖茨更满意，以后他再也不必操心是不是又忘了带棒球手套啦，反正克丽丝汀每次出门度假都像是搬家一样，不管用不用得着，总会带过去一大堆乱七八糟的东西。比尔·盖茨想，只花了5美元，就可以租一辈子棒球手套，太划算了。

克丽丝汀满意地离开帐篷，比尔·盖茨这才注意到卡洛琳的脸色不太好。

"你怎么啦？"

"我问你，你为什么先答应当我的男伴，又答应做玛格丽特的男伴？"

"什么男伴？"比尔·盖茨一脸茫然。

"下礼拜南西的生日派对呀！"

"我想起来了，可是这跟玛格丽特有什么关系？"

"你还装傻！你既然已经跟我说好了，就不应该再答应她呀！"卡洛琳更加生气了。

"我什么时候答应过她的？"

"她还说杰克他们都可以作证，她说你们那个时候正在打桥牌！"

"这就对了，这怎么能怪我呢？"比尔·盖茨一脸无辜的表情，"每当我专心打桥牌时，谁来跟我讲话我都听不见的。"

卡洛琳这才想到，一直以来她都只顾着生气了，她跟比尔·盖茨一起长大，怎么会忘了他有这个毛病呢？想来一定是玛格丽特自顾自地讲，把比尔·盖茨无意识地哼哼哈哈当成一种应允了。这下，她有些放心了。

比尔·盖茨说："看来我得赶快跟玛格丽特解释一下，不过，她其实也没什么损失，因为我是个差劲的男伴，我曾经踩过好几个女伴的脚……"

卡洛琳听比尔·盖茨这么一说，忍不住笑了，刚才的不快也烟消云散。

比尔的妹妹莉比出生以后，玛丽就不得不把重心放在了照顾莉比上，而她自己又有很多社会上的事情要忙，因此难免疏忽了对比尔的照管。

　　"别担心，"盖茨先生安慰妻子说，"卡尔森老师不是说，只要我们能协助比尔·盖茨找到他真正感兴趣的领域，激发他的潜能，不就好了吗？我会找他谈一谈的。"盖茨先生记起比尔曾经跟他提过有一个关于经济学的报告想征询他的意见，心想，这也许是一个好话题。

　　一天晚饭后，盖茨先生特地来到比尔的房间。

　　"比尔，前两天你说有一个关于经济学的报告要问我，现在，你有时间吗？也许我们可以谈一谈。"

　　正躺在床上看小说的比尔·盖茨一听父亲的话，顿时来了兴趣，他马上把小说一放，触电般地从床上跳起来，又从书桌上抽出几张活页纸，找出一支笔，然后正经八百地坐到父亲对面。

　　校长乔治·瑞尔先生之前在班上讲了一些经济学方面的课程，比尔对此很有兴趣。前几天，瑞尔先生交待下周每个学生都要交一份有关投资的报告给他，虽然离最后规定的时间还早，但因为比尔·盖茨觉得这个功课十分有趣，所以他急不可待地想早点写完它。

　　"这只是一份草

稿，我想请你帮我看一下。"比尔·盖茨把那几张有点皱巴巴的活页纸递给父亲。

盖茨先生接过一看，题目是"盖氏家族的投资计划"。呵，好大的口气。他在心里感叹道。

比尔·盖茨说："我想请你当我的法律顾问!"

盖茨先生问："我先考考你，什么叫做'投资'?"

"简单地说，'投资'就是一种用钱的方式。用钱的方式有很多，但是'投资'是要把钱用在最有机会变出更多钱的地方。"年幼的比尔用自己的语言为父亲解释着。

"不错，观点很清楚。"

"我敢打赌克丽丝汀一定不敢投资，她宁可把钱存在银行里，她是个胆小鬼。"比尔·盖茨吐吐舌头，流露出一种不屑的神色。

"别这么说你姐姐。现在，让我先来研究一下你的这份报告，然后再决定要不要接受当你的法律顾问。"

在报告中，比尔·盖茨把自己设想成一个发明家，拥有一套全新的医疗设备，他将要把这个产品大量生产，行销至整个西雅图，再把赚来的钱用来照顾那些孤苦无依的病人……

盖茨先生看完报告，比尔·盖茨迫不及待地问："怎么样? 你觉得如何?"

"简直是太好了!比我想象中的还要好!这真的是你自己一个人写的?"父亲有点不可思议。

"当然!" 比尔·盖茨有些得意。

令盖茨先生高兴的不仅是比尔·盖茨小小年纪就已经对

"投资"、"资金筹措"、"公司组织"等概念都有了相当正确的认识，更难能可贵的是，比尔·盖茨对自己充满了信心，而且他真诚地希望能够将自己劳动的成果奉献给那些需要帮助的人。这对于任何一个人来说，都是最难能可贵的品德。

比尔·盖茨在报告的结尾处写下了一句话："只要能筹措到足够的资金，并且请到优秀的人来帮我做事，我一定会成功！"

与计算机结下
不解之缘

虽然盖茨已经注意到了比尔的生意才华，让他了解到比尔·盖茨真正的兴趣在哪里，可是这并不代表可以为了兴趣放弃其他。经过了这么久的学校生活，比尔似乎仍不能表现得另他人满意。一天，无可奈何的玛丽对老盖茨说："我们不能让比尔这样发展下去了。他对学校里教的课程一点都不感兴趣，每天只是醉心于各种游戏。如果再这样下去，他不会有更大发展的。"

"我也这样想。几个孩子中，数比尔最聪明，也许只有他将来能够有所成就。我们要给他创造一个更好的学习环境。"老盖茨点点头。

"我想把比尔送到湖滨中学去，你看可以吗？"

"听说，那里的学费是全市最高的，不知道教学条件怎么样？"父亲有些顾虑。

"学校很有特色，特别是鼓励有天分的孩子发展自己的创造性，我想，这样的环境是能够适合咱们孩子的。至于钱，应该不成问题，只要能让比尔获得更大的发展空间，多花些钱是值得的。"母亲很有远见。

"我完全同意你的意见。"

父母口中所说的湖滨中学是一所私立预科学校，这所学校并不大，而且只招收男生，在当时共有300名学生。虽然那里的收费之高在西雅图首屈一指，每学期要5000美元之多，但学校非常重视那些具有特殊才能的学生，尤其鼓励学生们去发展自己的爱好与兴趣。在这里，孩子的天性可以得到自由的发展。

"比尔，你想去湖滨中学读书吗？那里可是西雅图最好的学校。"

"当然，"比尔·盖茨毫不犹豫地说，"那里都是聪明的学生，我最愿意和他们竞争了，我不会输的。"

"比尔，你在那里可以学习计算机。"母亲建议说。

"计算机是什么？"比尔·盖茨一脸茫然。在此之前，他从未见过或是听过这样的东西。因此，这个新鲜的名词深深地扎根到了他的脑子里，从到湖滨中学的第一天起，比尔·盖茨就对那个神秘的计算机产生了浓厚的兴趣。

值得一提的是，当时的计算机还不像我们现在使用的电脑那样有鼠标和显示器，它完全是一台巨型机器，而在那时却被人们亲切地称作是"迷你型"计算机。处理的结果必须要先打印在纸上才能看得到，它的计算能力还不如现在的一些电子手表。这样一台普通的机器，造价却十分昂贵，而且有一间房子那么大——使用一个面积2平方英尺、高6英尺、重250磅的支架才能承载。在今天看来，这简直是不可想象的事情。

"这些是硬件，它好比人的身体，有手有脚，能完成各种动作；这些是软件，由程序组成，它好比是人的大脑，能指挥计算机完成各种命令。"课堂上，数学老师指着计算机为同学们仔细讲解。

比尔·盖茨简直看呆了，他开始迷恋这个神秘的大机器，和他一起沉迷其中的还有保罗·艾伦。

保罗·艾伦是比尔·盖茨在这里结识的好朋友，他比比尔大两岁，高出两个年级。艾伦是一个文质彬彬的小伙子，语声轻柔，为人谦虚，有很强的进取精神。他的父亲曾在华盛顿大学图书馆工作过二十多年，因此他有得天独厚的机会博览群书。和比尔相处久了之后，他们渐渐发现彼此有很多共同点。例如他们都喜欢阅读科幻小说，比尔·盖茨说保罗·艾伦读过的科幻小说是他的四倍。保罗·艾伦对自然科学也有广泛涉猎，能够把诸如"枪炮原理"和"原子反应堆"之类的问题讲得头头是道。他和比尔·盖茨在湖滨中学的计算机房里结成了莫逆之交，两个人经常约好一起逃课去计算机房学习计算机，在一起长时间讨论计算机技术的现状和前景问题。

比尔说："在我十四五岁时，有幸同保罗·艾伦做了朋友。在我遇上他不久，我问他汽油是从哪来的，我想知道，精炼汽油是什么意思，我想确切知道汽油怎样驱动汽车。虽然我已找到一本关于那个话题的书，但那本书让人迷惑。但

是对于保罗，这一切并不复杂。汽油是保罗了解的许多问题中的一个，他以一种有趣而易于理解的方式解释给我听，也可以说，我对汽油的好奇心为我们的友谊添加了燃料……保罗对我想知道的许多事情都有许多回答，他还收藏了不少科幻书……我比保罗更擅长数学，我比他认识的任何人都知道更多的软件知识，我们互为对方的资料库。"

经过一段时间的熟悉和学习，他们对计算机的认识有了进一步的提高。

比尔·盖茨对实际应用程序格外感兴趣，而保罗·艾伦则喜欢探索计算机语言。比尔·盖茨在这台现在看来庞大得出奇、处理速度也慢得让人头疼的PDP-10型计算机上编出了第一个软件程序，目的是为了玩三联棋。由于这台计算机没有终端屏幕，为了下棋，他和保罗·艾伦只能在打字机式的键盘上输入棋步，然后静待打印机把计算机处理的结果印到纸上。这种玩法其实相当笨拙费时，远不如使用铅笔来得快捷简单。但是比尔·盖茨坚定地认为："关键是这台机器有那么一种妙不可言的地方。"盖茨和保罗打算在这台计算机上模拟成百上千的比赛，以便确定哪一种战略最为有效。

后来比尔·盖茨回忆，在湖滨中学的这段时间对他兴趣的发展所产生的意义时，用了一个非常形象的说法："跟所有的儿童一样，我们不仅胡乱鼓捣我们的玩具，我们也改变它们。如果你曾观察过某个儿童用卡通纸板和一箱蜡笔创造出一艘带冷温控制仪表的太空船，或是听到他们即兴制定一些规则，诸如'红色小车可以超越别的车'等的话，你就知道这种要求一个玩具具有更多功能的冲动是创造性儿童游戏的核心。这也是创

造性活动的本质。"正是盖茨儿时的这种天性和他对一切事物的好奇与创造力，成就了他日后巨人的事业。

还要说明的是，比尔·盖茨对计算机的狂热爱好与他的数学天赋是分不开的。

众所周知，计算机使用二进制形式表达和处理信息，与我们已经习以为常的十进制完全不同。十进制需要使用从0到9一共10个数字来记数和运算，而二进制只需要0和1这两个简单的数字就可以了。这就意味着可以在电路里用通和断两种状态来对任何数进行处理。而电路里的通断状态是很容易由半导体来实现的。现在我们可以用硅半导体制成这样的开关，而且可以在一块手表表面大小的芯片里集成几十万、上百万乃至几百万个这样的半导体开关。我们再把一切信息转变为二进制的数字，交给这样的芯片去处理。

看看比尔·盖茨对计算机处理文本信息的过程是怎样做简要说明的。他说："按照惯例，数字65代表字母A，66代表字母B，那么，依此类推，在计算机中，每一个这样的数字都以二进制方式表示：大写字母A，也就是65，用二进制表示就是01000001；大写字母B，也就是66，用二进制表示就是01000010。空格用32表示，也就是二进制的00100000。"二进制表达法是现代计算机技术的基础，理解了二进制的原理，就很容易理解计算机的运行过程，就能够为自己打开一个新的世界。

比尔·盖茨感到豁然开朗，觉得他又一次体会到了阅读《世界图书百科全书》时所获得的那种欣喜和愉悦。这一次，他感受到了计算机数学的清晰明澈，体验了逻辑严密

给人带来的快感。那时，0和1这两个数字的神奇威力令比尔·盖茨折服。与一般孩子不同，他对那两个数字不仅不会觉得枯燥乏味，反而发现它们是那么充满魔力。他曾不止一次说过这样的话："大多数杰出的程序编制员都具有某种数学背景的知识，因为这样的知识有助于人们去理解那些公理和法则的纯粹性。有了这种知识，你就不会对你所研究的问题做出任何含糊的陈述，而只能做出一种准确的论断。通过数学，能培养你具有一种完美的记忆特性，让你不知不觉把那些公理和法则融会贯通起来，这样，你就会用最少的时间来证明某个有待解决的问题。数学与编制程序两者之间的关系是极其密切的，也许我会比别人更加强调这种密切性，因为我正是从这个角度来考虑问题的。我认为它们两者间有着一种非常自然的联系。"

在湖滨中学的时期，比尔·盖茨就已开始渐渐表现出那种对数学的迷恋。当时他已经开始学习华盛顿大学的数学课程。他的数学老师在回忆他那时的情形时提到："他能用一种最简单的办法，来解决某个代数或计算机问题。他可以用数学的方法来找到一条处理问题的捷径。我教了这么多年的书，他甚至可以和同我工作过多年的那些优秀数学家媲美。当然，比尔·盖茨在各方面表现得都很优秀，不仅仅是数学；他的知识面非常广泛，数学仅是他众多的特长之一。"

就这样，比尔·盖茨在学校里渐渐成了知名的"数学家"和"计算机权威"，连许多高年级的大孩子也慕名前来向他请教。他的好伙伴保罗·艾伦更是常常拿些怪题来考他，向他挑战，说："嗯，我敢打赌，你算不出这道题！"

在那个时候，保罗·艾伦就已开始仔细阅读每一期《大众电子》及其他类似的杂志，比尔·盖茨却喜欢看有关商业方面的东西。

他们两个人再加上另外两个同学，也是计算机爱好者的理查德·韦兰德和肯特·伊文斯，在湖滨中学组成了一个程序编制小组，指望利用那台计算机挣点钱，解决继续上机的问题。可不久后，湖滨中学就因为经费的原因，不得不停止了计算机的使用，因为在当时，使用那样的计算机实在是太费钱了。我们说过，当时还没有PC机，学校的这一台是终端机，而且是从社会和家长那里千方百计积攒了大批资金才买来的。这台终端机连接其他单位所拥有的小型电子计算机PDP-10，即使每天只使用很短的时间，每小时的费用也很高。

这使比尔·盖茨和保罗陷入了无尽的苦恼之中。

有一天，保罗对盖茨说："我听说有一家公司可以提供计算机使用，但是要给他们抓'臭虫'。"

"那太好了，抓'臭虫'不正是我们的拿手好戏吗？"比尔·盖茨兴奋地大声叫了起来。

"臭虫"其实就是指计算机程序的错误，是电脑行业里人们称呼软件中的错误的代名词，即讨厌的臭虫（Bg）。原来，人们在使用计算机的时候，发现程序经常出现错误，像是染上了病，后来找到了原因，是一只臭虫在作怪。因为一旦有了这种臭虫，就会使电脑导出错误结果或死机，美国发往金星的"水手"号火箭和法国"职权利亚娜"火箭，就曾因为电脑软件出现故障（臭虫）而致使发射失败，损失达几亿美元。

比尔·盖茨和艾伦马上来到这个叫做"计算机中心"的公司。

"你们有编制计算机程序的本事?"公司的工程师不敢相信自己的眼睛,不过是两个乳臭未干的毛头小子,怎么可能有这么大的本事,他以为这两个人不过是在说大话吹牛而已。

"我们是湖滨中学程序编制小组的。"比尔·盖茨和保罗开始大谈软件编制的方法。听罢,在场所有的人立刻对这两个中学生刮目相看。

"我们可以和你们签下合同。"公司经理说。合同规定:比尔·盖茨和艾伦可以使用该公司的计算机,但必须向公司提交软件程序错误清单和有关情况的报告。

于是,每天晚上他们都准时来到计算机房,聚精会神地研究软件程序。不久,公司的记录簿上写满了密密麻麻的有关"臭虫"的记录,而他们对计算机的奥妙也有了更深的了解。

比尔·盖茨的父母并不知道儿子去计算机中心编制程序的事。比尔·盖茨每天很晚才回家,然后悄悄地溜进自己的屋子里,从来没让父母觉察到,他们还以为比尔·盖茨早就睡着了呢!

几个星期之后,计算机中心公司对这台PDP-10型计算机的检验终于完成了。经理把他们两个叫到办公室,对他们说:"你们回家去吧!"

比尔·盖茨小心翼翼地问道:"我们不可以再继续为公司工作了吗?"

"软件的检验工作结束了,我们之间的合同也结束了。"经理回答。

"那我们可以再继续使用公司的计算机吗？"

"这可需要按时付费了。不过看在我们曾经有很好的合作的情分上，我每次可以少收你们半个小时的费用。"

"好吧。不过即使这样，我们恐怕也很难负担得起。"保罗有些惆（có　）怅（ɑng　）。

"唉，没有办法，公司也需要赚钱，大家也要吃饭的。我能帮助你们做的，只能是这些了。"

回学校的路上，两个小伙伴一声不响。

"等着瞧吧。我们在这干了这么长时间，计算机内的很多内容还不知道呢。我们可以……"比尔·盖茨突然向伙伴低声耳语道。

第二天晚上，他们两个人又一如既往按时来到了公司。

"你们又来干什么？这里已经不需要你们了。"经理看到他们，有些奇怪地问。

"我们还有几个问题没有解决，需要再用一用计算机。"比尔·盖茨从容不迫地回答。

"现在需要按时付费。"经理强调说。

"我们会的。"保罗·艾伦走上前，掏出50美元放在桌子上，"可以先预付你一些。"

在里间的计算机房里，比尔·盖茨的双手正紧张地在键盘上敲击着。

"我们能破解它的防护系统密码吗？"艾伦有些不放心。

"一定能，就快完成了。"比尔·盖茨轻声地回答。

经理正在专心地阅读自己的杂志，他以为这两个中学生只是过于痴迷计算机所以不肯死心罢了，此刻他完全没有想

到他们正在破解计算机的防护系统。

"成功了！"比尔·盖茨轻声说道，话语中带着难以抑制的兴奋。

比尔·盖茨终于破解了防护系统的密码。他们可以随意使用允许范围之外的信息资料了，那种激动和兴奋简直难以言表。

然而几天后，比尔被叫到了校长办公室。他一进来，就看见"计算机中心"公司的那个经理正拉着脸坐在沙发上，艾伦、韦兰德、伊文斯也早已被叫来了，站在那里低头不语。

比尔知道一定是他"捣蛋"的事情败露了，心不由得紧张得咚咚直跳。

校长见比尔进来，就说："好了，你们四个到齐了。今天你们知道我为什么把你们邀请来吗？"

艾伦抬头瞟了那个经理一眼，说："也许，是为了我们与这位先生的公司之间的……有些事吧？"他说得吞吞吐吐，脸也红到了脖子根。

校长说："谁能把事情的经过详细地告诉我？"

说着，目光扫过艾伦、韦兰德、伊文斯，最后停留在比尔脸上，说："比尔·盖茨，你能告诉我吗？"

比尔推了下眼镜，又挠了挠头，有条不紊（wěn）地说："事情是这样的，我们和计算机中心公司签了合同，内容是……"

刚说了两句，那位经理就打断了他的话，说："你就直接说是怎么在我们的计算机上搞鬼的吧。是你们四个干的，

还是其中一个人干的？我已经把后果对校长先生讲了，虽然极为严重，但如果你们认错态度好，我们可以考虑不追究你们的法律责任。"

比尔镇静了一下，说："是我一个人干的，与他们三个无关。"

他顿了顿，又老实交待道："你们都知道，在使用PDP-10型计算机之前，要先输入使用者的姓名和密码，然后才能在允许的范围内调用存储的信息资料……"他停下来，小心翼翼地看了校长一眼。

那位经理催促他说："没错，接着说。"

比尔又说："我在使用计算机时，就琢磨怎么揭示密码防护系统的秘密，然后越过这个系统，随意使用允许范围之外的信息资料……"

校长插进一句："于是你成功了，就随意胡来，开始捣蛋！"

比尔又挠了挠头，说："是的。我先调出一个玩国际象棋的程序，只玩了一半，把剩下的一半留到学校终端机上去玩……另外，我还调出了他们公司的存档文件，找到了我们的个人账户，对上面记录的使用计算机的时间进行了修改……"

经理忍不住又生气地打断了他，说："这些都是小事，我们可以容忍，可由于你的捣乱，破坏了计算机的安全系统，几次造成计算机整个系统的崩溃，严重影响了客户对我们公司的信任，给我们公司造成很大的经济损失！"

比尔忙说："我向贵公司表示深深的歉意。我知道赔偿不起贵公司的损失，如果你们同意，我可以白为你们干活

儿，再多干几个月也没关系……"

"行了，我的小专家！再让你碰我们的计算机，说不定你又会惹出多大的祸呢！"

校长忙道歉说："经理先生，您就原谅这几个孩子吧。他们的出发点就是想多些上机时间，他们太爱计算机了。"

经理说："比尔，对不起，从今以后请不要到我们公司去了。"

比尔咬住嘴唇，忍着不让泪水流下来。经理的斥责并没有让他感到多么的痛心，他在意的是，又一次的上机计划失败了，他不知道要到什么时候才有机会再去钻研自己喜爱的计算机技术。他失落极了。

计算机引发的
"生意经"

夕阳照耀下的西雅图，大街上车水马龙，热闹程度有增无减。一条巨大的横幅十分醒目地挂在一个十字路口处，吸引着过往的行人，上面写着：母亲俱乐部义卖会。横幅的下面熙熙攘攘聚集了一大群人。四五个中学生正在大声吆喝叫卖，其中一个正是比尔。

此刻，他手里挥动着一个汽车坐垫高声喊道："看看啦！这个坐垫是用竹子编的，夏天用又舒适又凉快，很便宜呀！"看这架势，还真有几分生意人的模样。比尔卖的这个汽车坐垫是他偷偷从自己家里拿出来的，父母完全不知道。

事情的起因是这样的：湖滨中学想要租用附近一家公司的PDP-10型计算机，把买来的电传打字终端机连接在对方的计算机上，按使用时间付费。购买电传打字终端机和上机费都是一笔不小的开支，无奈之下，学校只好求助母亲俱乐部。

母亲俱乐部是由学生家长自发组织的。于是，那些富裕家庭捐赠出一些物品，搞了这个义卖会，再把卖东西所得的钱全部捐献给湖滨中学，以支持学校的学生学习计算机。

由于比尔对计算机的痴迷，他当然非常希望义卖会能够获得成功：多卖一些钱，他们也就能多获得一些上机时间。

在义卖会之前，他向母亲索要家里的捐赠物品，想更好地支持这次活动。

母亲告诉他："以前每次搞义卖，家里的东西都没少捐赠。这次再没多余的东西可以拿出来捐献了。"

"但这次是为了支持学计算机啊，我又是学校学计算机最积极的学生，咱们不捐赠东西，我在同学们跟前怎么抬头啊？"比尔带着哭腔向母亲抱怨说。

"别急呀，我的儿子。我说不捐赠物品，却没说不支持学校的教育事业呀！我们可以捐款200美元。"

就这样，比尔顺利地拿到了200美元，不过他依然不死心。趁母亲不在家的时候，他又去仓库里翻箱倒柜地找了个遍，见没什么东西好拿，就随手把一个不起眼的汽车坐垫"偷"到了义卖会上。

此时，义卖的东西已卖出了一多半，剩下的物品也在"热销"中。看来看去只有比尔的汽车坐垫还卖不出去，因为用这种坐垫的季节还没到。

这时，从人群中挤出了一个人："比尔、你在干什么呢？"

比尔一看，是父亲，知道自己拿坐垫的事情要败露了，说道："我们帮助学校的母亲俱乐部搞义卖，得到的钱好用来学计算机。"

"这好像是咱们家的汽车坐垫？"

"是咱家捐给母亲俱乐部的。"

"你妈妈也真慷慨、她应该知道我们很快就用得着它了。"此时的父亲还被比尔蒙在鼓里。

"爸爸，您可以把它买回去呀！"

父亲一怔，说："你是说，我花钱买自己的东西？"

"就算你支持教育事业啦！反正，你到别处也得买呀！"

父亲取出钱包，问："多少钱？"

"100美元。"

"可我买新的坐垫才80美元呀！"父亲有点不乐意了。

"爸爸，意义不一样啊。你就买了吧。"小商人般精明的比尔游说父亲。

在儿子的百般说服下，父亲只好不大情愿地花100美元买下这个汽车坐垫，拿着正要离开的时候，却被另外一个中学生叫住了。中学生手里拿着个茶壶，对他说："先生，你再买下这个茶壶吧。这是18世纪留下的古董，我们只卖35美元。"

比尔见状，忙向父亲介绍这位中学生，说："他叫保罗·艾伦，是我的好朋友，和我一样是计算机迷。他高我两年级，还大我两岁。"接着又转身向保罗·艾伦介绍说："这是我父亲……"

慈祥的父亲似乎被这群小家伙的求知欲感动了，不由分

说已经从口袋里掏出100美元递给保罗："谢谢你，小伙子！这是我捐赠的，不要你们的东西。"

1971年初，湖滨中学程序编制小组揽到了一项重要的业务。波特兰市的信息科学公司想请一批专业人士来为他们的客户编写一份工资表程序。公司总裁汤姆·迈克雷林知道湖滨中学有这样一群小伙子在编写程序方面非常在行，就派人找到了保罗·艾伦。

保罗兴奋地跑进教室，大声叫他的好友韦兰德。"告诉你一个好消息，信息科学公司想聘请我们为它编写工资表程序。"

"这真是一件令人高兴的事！我们赶快告诉比尔·盖茨和伊文斯吧。"

"不，我想不需要他们，咱俩就可以完成这项工作。"

韦兰德建议道："可是……我们从来没有编写过什么工资表程序呀，怎么能够胜任这项工作呢？还是找比尔·盖茨吧，这方面他很在行的。"

保罗考虑了一会儿，觉得这个建议很有道理。"好吧，那就让他们加入吧。"

他们找到了比尔·盖茨和肯特·伊文斯。

比尔·盖茨说："好嘛，你们既然要我参加，那我就要统管这个项目。"

保罗他们答应了，因为编制工资表程序的确是件麻烦的事情，要涉及税法、工资扣除法等等法律和商业的知识，没有比尔他们可干不了。

比尔统管这个项目后，开始与对方谈判，他不愿意按工时收费，提出按版权协议或项目产品利润收费。谈判的结果是他们获得了这个公司使用这个程序所获利润的10%。这家公司后来经销这个软件时，也按法律规定向他们支付版权费，另外还给了他们大约相当于1万美元的计算机使用时间。

这下，保罗他们真的服了比尔。他这么小的年纪，就已经知道按版权抽取利润，而且还是同一家大公司打交道。他们由衷地敬佩比尔的经济头脑，没有他，也许他们的劳动只能得到很少一点的报酬。

比尔把这件事得意地告诉了家里人，姐姐不屑一顾地泼他冷水："你别炫耀了，你的法律知识和商贸知识当然是受爸爸的影响。不然，你怎么会想到和人家谈版权费呀！"

比尔也不甘示弱："是又怎么样，不管我从哪里学到的知识，成功才是最重要的。"

1971年6月，湖滨中学计划编制一个课程表的程序，用来解决全校四百多名学生由于课程不同而造成的课堂人数悬殊问题。如果照往常一样由人来完成这件事情，将会十分复杂费时，而且容易出错。因此学校要求秋季开学前将课程安排计算机化。比尔·盖茨当仁不让地成了编制这一程序的最佳人选，因为他已是全校皆知的数学和计算机天才。但是，让人颇感意外的是，一向热衷于计算机编程的比尔·盖茨却委婉地拒绝了这一重托，原因是最近一年来他老在考虑一个问题：今后是否继续同计算机打交道，程序编制是否会成为

他的终生事业。

但是命运仍然鬼使神差地使比尔·盖茨在这条道路上继续走下去。

由于比尔·盖茨的拒绝，学校只好把这项任务交给一位新来的数学老师，但这位老师却不幸死于空难。学校又同比尔·盖茨和他的朋友肯特·伊文斯商量，希望他们接下这个工作。更加不幸的是，肯特·伊文斯在一个星期之后的一次登山探险中丧生。比尔·盖茨痛失密友，他并不相信接受这项任务的两个人相继死亡是一种凶兆，为了安抚朋友的亡灵，他去向刚刚从学校毕业不久的好友保罗·艾伦求助，希望同他一道来完成这个任务。

那年夏天，比尔·盖茨和保罗·艾伦按计划用一种公式翻译程序语言来编制这个课程表。学校为他们支付了信息科学公司的计算机的全部上机费用，供他们随心所欲地使用。随着工作的顺利进展，比尔·盖茨逐渐从痛苦中解脱出来。后来在对这个程序做进一步加工改进时，他那爱玩的天性再次失去控制。长大后的他回忆说："我偷偷地加了一些指令，使得我是班上几乎唯一一个周围坐满了漂亮女生的男孩。"

经过了一段时间的修改和试用，比尔·盖茨和保罗·艾伦编制的课程安排程序令学校非常满意，据说这套程序一直使用到现在，只是在中间做过一点略微的修改和调整而已。学生们也对这个新的安排感到十分满意，因为按照这个安排，高年级的学生每个星期二的下午都没有课。许多人穿上T恤衫，背上印着"周二俱乐部"几个大字，以表达他们的喜悦和对比尔·盖茨他们的感激之情。

1972年夏天，已经在华盛顿州立大学计算机专业就读了一年的保罗·艾伦拿了一篇文章给比尔·盖茨看，那是发表在电子学杂志上的一篇短文，介绍一家叫做英特尔

◎英特尔：成立于1968年，全球最大的芯片制造商，同时也是计算机、网络和通信产品的领先制造商。1971年，英特尔推出了全球第一枚微处理器。

(Intel)的新公司推出的一种8008微处理芯片。

英特尔公司创建于1968年，主要为计算器生产集成电路。1969年，它开发了4004微处理器。4004虽然已经取代了早些时候耗电量大、占地量大的晶体管器件，但它的功能仍然十分有限，只能用于家用电器的简单控制。8008微处理器是1971年开发成功的。这篇文章称8008芯片适合于"任何计算、控制或决策系统，有如一个灵巧的终端"。

那时，保罗·艾伦对计算机硬件的了解比比尔·盖茨多一些，他已经注意到了这个微处理器的潜在意义。比尔说，就连文章的作者都还没有看出一个微处理器可以发展成为一个具备通用目的的计算机，只说它"有如一个灵巧的终端"。保罗·艾伦的预见性让我们惊叹。

但是，8008微处理器处理信息的能力并不强大，正如比尔·盖茨所言，它"慢而有限"，被认为仅是一头可供使唤的牲畜，总是进行那种简单的一成不变的工作。它在电梯和计算器中用得很普遍。比尔说："从另一个角度来看，一个用于像电梯控制这种应用范围有限的简单的微处理器，实际上有如一位业余爱好者手中的一件简单的乐器：一面鼓或一

支喇叭，只适合于基本的节奏，或者简单的曲调。然而，具有编程语言的功能强大的微处理器，却如同一个配合默契的管弦乐队，只要乐曲适宜，它什么都能演奏。"

◎BASIC语言：属于高阶程式语言的一种，英文名称的全名是"Beginner's All-Purpose Symbolic Instruction Code"，是适用于初学者的多功能符号指令码，是一种在计算机发展史上应用最为广泛的程式语言。

比尔 · 盖茨和保罗 · 艾伦渴望进一步了解8008微处理器的详细情况，便打电话给英特尔公司索要一本该芯片的使用手册。公司满足了他们的愿望。但是，当他们研究了这本手册之后却深感失望——本来他们以为可以像为PDP-8型计算机编写BASIC语言一样，也能编写出在这块芯片上运行的BASIC语言，但是他们发觉8008的结构太简单太不精密了，完全不足以胜任任何复杂的运算。尽管如此，他们还是找到了这块小芯片的用途。

夏天的一个傍晚，比尔 · 盖茨和保罗 · 艾伦漫步在西雅图的街头。保罗利用暑假回到自己的母校，看一看昔日的校园和好友。

突然，比尔 · 盖茨被一根横穿马路的橡皮管子吸引住了，蹲下来仔细地观察着。

"这根管子是做什么用的？"他头也不抬地问保罗。

保罗看了看，解释说："这是市政当局用来统计汽车流量的。这根橡皮管子同一个金属盒子相连，系统内配有一种有16个打孔的纸带，而且这种纸带是原来用于老式电传或

打字机的八孔纸带宽度的两倍。每次汽车通过橡皮管，机器就以二进制的两个数字'0'和'1'把车次的记录打在纸带上，这些数字反映了时间和流量。"

"那有什么作用呢？"比尔仍然感到不解。

"市政当局雇佣了一些私人公司来把这些原始的数据变成有用的资料，便于市政工程师们利用。比如，确定最佳的交通管理方法，安排交通红绿灯的时间长短等等。"

"我有一个想法……"

"你是想开发这类软件？"保罗不愧是比尔·盖茨的好朋友，他能很快理解伙伴的一举一动，了解他心中的想法。

"是的。我们可以搞一个软件，可以更科学地统计出交通流量。"

"能赚钱吗？"

"不管能不能赚钱，这个工作很有实际意义，可以给很多人带来好处。"

"好吧，我支持你。"

比尔·盖茨感激地望了好友一眼，继续阐述自己的设想。"我们可以办一家自己的公司，就叫做'交通数据公司'吧，这样有利于我们推销自己的软件。成立公司，首先需要有一台自己的计算机。"

"我俩恐怕买不起一台计算机的。"保罗遗憾地摆了摆手。

"是啊。"比尔·盖茨也无奈地点头说道，突然他像是想到了什么，停下来问："你可以出多少钱？"

"大约160美元吧。"

"我还有200美元。"

"360美元就能办公司吗？未免太少了点吧？"保罗有些担心。

"让我来想办法吧。"

比尔·盖茨真的用这笔钱买了一台据说是第一个通过经销商销售的8008微处理器，并用延期付款的办法聘请了一位工程师，来帮助他更好地设计硬件。

"等我们赚到钱，一定会加倍付给你报酬的。"比尔·盖茨对这位工程师许诺。

七拼八凑之后，他们终于如愿制成了自己的机器，这台机器在外观上同别的计算机并没有什么太大的差别。

软件也很顺利地做出来了。比尔·盖茨通过父母的关系，找到了一位主管交通的市政官员，向他推销自己的产品。"这套软件可以更准确地测试出交通流量，并进行系统的科学分析，能够得出最佳的控制方法。比如……"比尔·盖茨一边说，一边在键盘上熟练地演示着，玛丽和那位市政官员在一旁看他操作。

在1972年到1973年的这一年中，比尔和保罗经营的第一个小公司，从订户那里赚到了2万美元。不过这个小公司后来并没有维持多久，因为比尔上大学的缘故，再加上公司的发展本身就受到限制，它已经名存实亡了。不过我们已经看到了这个计算机天才的独到之处，之前一系列的成功足以为他的人生写下精彩的一笔，也为他今后的发展带来了先机。

在温哥华，有一家叫做TRW的国防用品公司同国防部门签订了一项合同，要用PDP-10型计算机来监测和控制西北地区太平洋沿岸水库的计算机系统，控制水库的发电量，以

使其电力的供需平衡。

由于这家公司使用的PDP－10型计算机软件中程序出现许多错误，导致工作无法进行，眼看着与国防部门签订的合同难以如期完成，公司就要违约了。TRW公司的老板急得直冒冷汗，他只好向世界各地寻求能人，指望有专家能立刻出现，为他们解决计算机上的难题。

这时，TRW公司有个技术员无意中发现了西雅图市计算机中心公司的一份报告书，其中有一长串PDP－10型计算机软件的程序错误清单。是谁发现了PDP－10型计算机软件程序中这么多错误呢？

经过仔细查找，这个技术员终于发现，找出这些程序错误的高手之一，正是比尔·盖茨。

技术员急忙向公司的业务经理诺顿报告："经理，好消息呀。我发现一个计算机方面的高手，他就在西雅图。我相信他完全有能力解决我们计算机上所存在的问题。"

业务经理一听，喜出望外，忙说："那还等什么呢！快去通知他来面试，我们公司可以聘用他。"

于是，比尔·盖茨接到了TRW公司的人打来的电话。几分钟之后，比尔·盖茨又接通了华盛顿州立大学的电话，他想找保罗·艾伦谈谈，告诉好友他刚获得的新消息。

保罗刚接起电话，比尔·盖茨便用急促的语气迫不及待地告诉对方说，TRW公司想要他俩尽快南下，去凡库佛接受面试。

"保罗，这下我们两个人终于能够挣些真正的钱了，大好的机会呀！"他兴奋地对着话筒大声地喊道："我们一定

得干!"

面试那天、比尔·盖茨和保罗·艾伦特意在镜子前梳妆打扮了一番，他们两个穿上自己最好的西装和皮鞋，打上了领带，每人腋下夹着一个公文包，以便使自己显得更成熟一点、能够博取对方的信任。他们走进了TRW公司的大楼。

"我们是湖滨编制组的。"

"你们是给老师送资料的吧？我是想请他们今天来面试的。"工作人员说道。

"我们就是来参加面试的。"

"你们……还是学生吧！"诺顿大惑不解，这样年轻的

两个人，怎么会是编程专家？

"我是大一学生，他还在读高中，但我们是湖滨程序编制组的发起者和创办者。"

"那么交通数据公司和逻辑模拟设备公司呢？"

"看来您对我们还是有一定的了解的，只不过了解得还不够。这两个公司都是由我们创办的，并且公司的大部分业务也是由我们完成的。"比尔·盖茨侃侃而谈。

"谁是比尔·盖茨？"

"我就是。这位是保罗·艾伦。"

诺顿重新打量了一下两个人，点了点头。"早就听说你们的名字以及你们做出的成绩，但是没有想到会是这么年轻的两个学生。"

他再一次带着怀疑，认真地问："那些软件系统真的是你们自己独立完成的吗？"

"当然是啦。如果您怀疑我们的工作能力，可以现场考核，看能否胜任贵公司的工作。"比尔·盖茨知道，说再多的话都是无谓，只有在计算机上，才能真正体现出他们两人的价值。

"我认为这是一个好主意。"诺顿点了点头。其实他早想这样做了，只是怕伤害到两个人的自尊心，不知道该如何说出口罢了。

计算机房里，艾伦和比尔·盖茨熟练地操作着计算机，并不断地挑出程序中的错误，予以改正。一旁的诺顿下意识地点点头。公司马上录用了比尔和保罗，他们获得的待遇是每周有165美元的薪金。

于是他们在温哥华租了一套公寓住下来，开始埋头苦干。保罗潜心修复被破坏的系统，比尔则集中精力做数据的编码工作，成了名副其实的计算机程序员。

3个月后，他们终于帮助TRW公司如期顺利地完成了合同规定的任务。

这次"打工"的经历虽然并没有为他们挣到多少钱，却给了他们很强的自信心。

回到学校后的一天，老师走进教室，开始公布计算机课的考试成绩。

"比尔·盖茨的计算机课考试成绩——"他看了比尔一眼，又接着说："他得了个B！"

比尔低下头。心想：怎么会呢？以我的水平怎么才拿到这么低的成绩，真是太丢人了！同学们也觉得有点不可思议，七嘴八舌地议论起来。

这时老师解释说："同学们都知道，比尔·盖茨在我们班、我们学校，计算机才能最突出，这次得了B并不是他考试成绩不佳，实际上他考了第一名。但是他从不去听计算机课，所以在学习态度这条标准中被扣了分。"

课间时分，一个同学问比尔："快毕业了，你对未来有什么打算？"

比尔说："考大学！这是我家人的意思，让我考哈佛。"

另一个同学插嘴问："那你想丢开计算机吗？"

比尔笑了笑，说："也许不会。我还想靠计算机知识挣钱呢！你们记住我的话，我要在25岁时挣来我一生的头一个一百万美元！"

第二章

创立微软公司

在哈佛的日子

比尔·盖茨的父母从来不认为比尔·盖茨对计算机的迷恋是因为他真的喜欢计算机，在他们看来，这同盖茨喜欢摆弄各种有趣的东西一样，不过是孩子儿时的玩乐罢了。他们一直希望比尔·盖茨子承父业，最终做一名体面的、有社会地位的律师。因此，比尔·盖茨进入哈佛学习，对他们来说，实在是再好不过的事情了，他们认为从此儿子就会回归正业，长期以来的心病终于被消除了。事实上当时比尔也确实有过做律师的想法，虽然他最喜欢的学科仍是抽象数学和经济学。同时，他还认为哈佛大学无疑是个人才荟萃的宝地，是享誉世界的资深学府，能进入这所世人瞩目的学校深造，不是谁都可以得到机会的。进入哈佛大学之后，他可以向许多比他更有才华的学生学习，向更多学识渊博的教授请教。

在哈佛的日子里，比尔·盖茨越来越感觉到自己虽然人到了这里，心却继续留在计算机上。所幸的是哈佛的教学方法比较灵活，他在读本科的时候，除经济、历史、文学、心理学等必修课之外，还可以选修数学、物理学和计算机等课程。更难得的是，学校允许学生同时攻读研究生课程。比尔·盖茨进大学后也获得批准同时攻读本科和研究生课程。他对法律以及一些学科实在没有多大兴趣，抱着无所谓的态度，庆幸的是每次考试成绩也不算差。在这里还有一段小插曲，有一次考希腊文学时，比尔·盖茨竟酣（ān）然入睡。起初监考老师以为他趴在桌子上是在潜心思考，可是过

了半小时后见他仍一动不动，才发现他一直都在睡觉。老师有些生气地叫醒了他，比尔·盖茨忙开始答卷，紧张得差点没来得及把题做完。考试结果出来以后，他居然得了一个"B"，为此他得意非凡。看来，比尔·盖茨的确是有些小聪明的。

其实对比尔·盖茨来说，在课堂上打瞌睡并非偶然，不过他也绝不是嗜（si）睡之徒。他一有事情要做就坚持一口气做到底，可以三天三夜不合眼，完全把时间概念置之度外；而一旦睡起觉来也毫不含糊，随便在什么地方抓条毛毯往头上一蒙，顷刻就能进入梦乡。

如果说在哈佛大学里有什么东西能真正让比尔·盖茨获得满足的话，那就是这里的计算机中心了。哈佛大学计算机中心的计算机多得数不胜数，这里不仅有比尔·盖茨最熟悉的PDP—10型计算机，还有其他各种型号的机种。比尔·盖茨自然成了这个中心的常客，一有空就钻进里面玩计算机游戏，直到深夜也迟迟不愿意离开。

当然，这样玩计算机是相当消耗精力的，比尔·盖茨并不完全沉迷于其中。他常常和朋友一起玩别的游戏、一起跳摇滚。

青春的比尔·盖茨对和女孩子交往似乎也没有多大兴趣，在这方面他与他的许多同学很不一样。他似乎同

一个名叫卡洛琳·格洛伊德的姑娘曾有过交往，那是他父亲同事的女儿。卡洛琳很快就发现比尔·盖茨对女人没有什么吸引力，他在同女孩子的交谈中，除了计算机考试方面的事情似乎就没有别的内容。他也不好交际，同姑娘们在一起便感到无趣，更愿意同年长的人打牌。卡洛琳觉得她同比尔·盖茨之间没有什么共同爱好，甚至怀疑比尔·盖茨有心理障碍，只好同他分手。不过许多年后，卡洛琳对比尔·盖茨的看法有了变化，认为他只不过是不愿意在他不感兴趣的事情上浪费时间罢了。

比尔·盖茨对他的未来也有过茫然，他知道自己的心思当然是在计算机上，但他不得不迫使自己去修完哈佛的其他课程。有时他一连几个小时呆在宿舍里做"哲学的沉思"，有时又牌兴大发，并且在玩牌的时候也拿出玩计算机的劲头，全力以赴，百折不挠。他把自己的房间变成了"扑克房"，同一伙牌友经常鏖（áo）战不休，竟然创过连战一天一夜的纪录。

入学不到一年，不甘寂寞的比尔·盖茨又开始为他和保罗·艾伦的交通数据公司寻找业务。他们指望他们的交通数据机器会在全国得到普及。保罗·艾伦为此去过好几个州，向官员们游说，希望他们采用这项技术。他还去了加拿大。但是他们发现并没有多少人真正想买他们的机器。后来，美国联邦政府决定向各市县政府免费提供这项服务，如此一来，就更没有人愿意再花钱让交通数据公司来解决问题了。

比尔·盖茨和保罗·艾伦走投无路，甚至想过把这个创立不久的公司卖给巴西的一家公司，但不巧那家公司此时恰

好也陷入困境，自身难保，哪里还有心思来购买他们的交通数据公司。比尔·盖茨和保罗·艾伦并没有死心，他们在电话中反复讨论公司的前途。保罗·艾伦希望到波士顿来同比尔·盖茨一起开拓未来，倾全力办好他们的公司。比尔·盖茨也一再考虑退学后同保罗·艾伦共创未来。他知道父母绝不会理解他的想法，但他仍然坚持反复向他们说明，他和保罗·艾伦的想法是经过深思熟虑的，绝非一时心血来潮。

1974年夏天，保罗·艾伦居然开着他那辆老爷车从华盛顿州来到波士顿，在那里找了一份工作。他常常在晚上和周末到哈佛去看望比尔·盖茨，同比尔·盖茨激烈地讨论创办计算机公司的计划。

他们搜集资料，分析形势，越来越确信计算机已经走到了一个进入千家万户的辉煌时代。它将引发一场新的技术革命，就如当年蒸汽机、汽车、飞机的发明一样，使人类的生活方式发生不可预测的重大变化。保罗·艾伦反复强调"计算机必将大为普及"。

既然已经清楚地认识到了这一点，如果不去领导这一技术革命的新潮流，就必然会被时代抛弃。这可是一个千载难逢的机会，机不可失，时不再来啊！保罗不断劝说比尔·盖茨："干吧，咱们创立一家计算机公司吧！"他反复强调，再不干就迟了，就贻误历史赋予他们的大好机会了，一定会抱憾终生，甚至被后人责备！

比尔·盖茨心动了。他们打算先自己生产计算机。保罗·艾伦从小喜欢电子技术，会安装收音机，后来因为设计交通数据处理装置，对集成电路也颇有了解和研究。但是，

要制造计算机就非同小可了，那是比一台收音机复杂百倍千倍的装置，而且投资额之大，也不是两个身无分文的年轻人所能承受的。保罗·艾伦后来说："最后，我们还是认为搞硬件风险太大，不是闹着玩的。我俩的综合实力不是在硬件上，我们要搞的还是软件。用盖茨的话说，那是计算机的灵魂。"他们只好放弃制造计算机的念头，仍然利用他们的优势，搞软件开发。

但是，软件开发的工作也一直没有被付诸行动：比尔·盖茨没有从哈佛退学，他上了二年级；保罗·艾伦则在波士顿一家公司工作。

大二时的比尔·盖茨仍然对他的学业感到茫然，不知道如此继续下去，将来毕业之后会有什么结果。他一心想的依然是开办自己的计算机公司，把全部精力用在最喜欢和最愿意下功夫的事业上，同保罗·艾伦在前途广阔的计算机软件开发领域里大显身手，一展宏图。然而，他又不愿意违背父母的心愿，放弃在哈佛的学习。他常常陷入矛盾的心情之中而不能自拔，在宿舍里一连几个小时面壁苦思，试图考虑出一个结果，下决心做出生活中一个极其重大的选择，但是，这样的沉思常常是白费时间，他心里的矛盾始终无法得到真正的消解。

无意中他恋上了牌局。这一年，他从集体大宿舍搬到了一间小宿舍，同住的只有一个叫安迪·布莱特曼的同学。这间宿舍里配有烹饪用具，名叫"卡雷房"。

每天晚上，一群小伙子就聚集到卡雷房郑重其事地打牌赌钱，每个晚上的输赢都在几百美元和上千美元之间。比尔·盖茨既然不能集中精力去搞计算机软件开发，自然就很容易将热情投入同样需要花费心思的纸牌游戏。起初他技艺欠佳，频频失手，但是他天性好钻研，记忆力和分析力超群，而且具有一种坚韧不拔、事事认真的秉性，不久之后，就成了玩牌高手，牌瘾之大，完全不亚于他的计算机瘾。比尔·盖茨回忆起他玩牌赢钱的经历时不无得意地说："我牌打得不赖。医学院和商学院也有一伙人经常来玩，他们牌艺不高，我们就提高筹码，让他们输个精光，结果他们再也不来了。而我们那伙人一直坚持到最后。大家水平相当，也就没有多少输赢了。"

牌局一旦开始，往往持续很久。尤其在输了钱的时候，比尔·盖茨是决不肯善罢甘休的。为了克制牌瘾，他也曾把支票交给保罗·艾伦保管，但是仍然无济于事，过了两天他又把支票要回来。后来，他干脆认为与其强制自己，不如顺其自然。

比尔·盖茨在他的一本书里描述那个时候的生活时提到过："1973年秋，我进了哈佛。学校里有不少人故作姿态，松松垮垮，让人觉得他对一切漠然视之。因此，第一学年时，我也有意制定了一套行事策略：大多数课程逃课，到期末再猛学一阵。我是想看看我花最少的时间能得多高的分数。这不过是一种游戏，一种老把戏罢了。我把其他时间都拿来玩扑克，扑克对我有极大的魅力。玩牌时，你得了解各种情况：谁叫牌大胆，谁已经出过什么牌，谁叫牌和诈牌的方式如何等等，然后把种种情况综合起来，再根据自己手上的牌决定出牌策略。我精于此道。"

学生中，有一个叫史蒂夫·鲍尔默的。他和比尔·盖茨都有一个癖好：喜欢彻夜交谈。每逢比尔·盖茨深夜玩完牌回到房间，总要同鲍尔默"交换信息"，激烈地讨论各种问题。

这个鲍尔默也同比尔·盖茨一样，都竭力想把上课时间降到最低限度，同时又能得到高分。比尔·盖茨说："他和我都很少把精力集中在我们的课程上，只是到了临考时，才把关键的书本找来狠狠地啃上一通。我和史蒂夫都曾攻读过一门艰深的经济学课程，即2010年的经济学——那是研究生水平的课程。任课的教授允许大家把全部成绩押在期末考试上，所以我和史蒂夫整个学期都干别的事情去了。直到考前一周，我们才把这门从未涉足的功课拿来猛背几天，结果都拿了'优'。"

这种作风在一定的情况下或许是奏效的。但是到了真正做起事情来，就不是那么回事了。比尔·盖茨继续回忆说："然而，我和保罗·艾伦创建微软公司之后，却发现对于开办公司来说，这种拖拉作风并不是一个好兆头。微软公司的首批客户是日本的一些公司。他们办事有板有眼，一丝不苟。我们只要比计划落后一点，他们就会立刻派人坐飞机来监督我们，像看管不懂事的小孩一样。他们知道他们派来的人不会起什么作用，但是那些人会在我们的办公室里一天蹲上18个小时，一个劲儿向我们表明他们是如何在意此事。这些家伙真是认真得很！他们会问：'为什么原定的时间表改变了？我们需要你们解释。我们要知道此事发生的根源。'现在，我们对被迫拖延某些项目的现象仍然感到十分痛心。我们也在不断改进我们的办事作风。有时候我们仍然要拖延

某些项目，但是已经比过去好多了。这都得归功于那些严格细心的‘保姆们’。"

　　比尔·盖茨喜欢数学，同学们都觉得他能成为一名数学家，而不是一名律师。他在数学这方面显示出了特殊的天赋。但是在每次上数学课时，他的表现却有些奇特。据他的同学亨利·莱特说："他坐在教室里，课桌上连一个笔记本也没有，只用两手抱住脑袋，样子显得十分厌倦。他看老师在黑板上解题，过了半小时左右，便举手说：‘老师，你有个地方不对，让我来给你说说。’这常常让老师窘迫得下不了台。他觉得给老师挑毛病是一种乐趣，似乎并不顾老师的面子。老师布置的练习题，他只做20%，但那是有分量的20%。他认为做那些一目了然的作业无异于浪费时间。每当我有问题解决不了的时候，便打电话同他谈上几分钟，他总能使我从复杂的数学难题中解脱出来。他真正是个人物。"

　　在哈佛大学，比尔·盖茨在数学方面最得意的一次是提出了解决一个数学难题的方法。那是刊登在数学杂志上的难题：一

个厨师做了一叠大小不同的煎饼，他要不断从上面拿起几个煎饼翻到下面，最后使煎饼按大小顺序排列，最小的煎饼在上面，最大的煎饼在下面。试问：假如这里有N个煎饼，厨师需要翻动多少次，才能完成这个排列。

数学教授克里斯托斯·潘帕莱米托说："这个问题看起来不难，做起来却很不容易。比尔·盖茨说他知道一个办法可以解决这个问题，而且这个办法比其他人的都要好。他对自己的这个办法作了很详尽的解释，我耐心听完了。"他把比尔·盖茨的方法记录下来，并发表在1979年的一期《非线性数学》杂志上。比尔·盖茨的这个解法使这一难题取得了突破性进展，其影响至少可以在数学界持续15年。

比尔·盖茨本来可以按照许多同学和老师的估计，向数学方面继续发展，可是他看见还有几个同学在这个方面比他技高一筹，他素来有一个人生信条：在一切事情上绝不屈居第二，因此放弃了专攻数学的打算。如果不是他心甘情愿的放弃，也许今天我们看到的会是一个顶着数学家头衔的比尔·盖茨，而非微软帝国的电脑天才。

❋ 大学生活的插曲 ❋

比尔·盖茨读大学一年级时，和他同屋的还有另外两名学生，一个叫山姆·兹尔默，另一个是吉姆·詹金斯。山姆·兹尔默是个贫困的犹太孩子，从前住在加拿大，第二次世界大战之后，他随父母从蒙特利尔移居西雅图。詹金斯来

自田纳西州，是个中产阶级的黑人孩子，身材高大健壮。

"喂，比尔·盖茨，快醒醒，你怎么又没脱衣服就睡着了？"刚从自习室回来的兹尔默和詹金斯一进门就看见比尔·盖茨仰面朝天地躺在床上，头上还蒙着个电热毯。

"我困死了。"比尔·盖茨连眼睛也懒得睁开。

"准是又玩了整天的计算机。"詹金斯放下书包，"我们借来了一本非常有趣的书。"

"什么书啊，大惊小怪的。"比尔·盖茨睡意未减。

兹尔默故意不紧不慢地讲着："是最新的科幻小说——《水深火热》，讲的是女科学家罗丝用生物学的方法把鲨鱼的大脑扩大了五倍，来观察它的反应，想从中提取有用物质供医学之用，结果大脑异常发达的鲨鱼聪明极了，它用各种方法攻击人类……"

"别讲了，"比尔·盖茨纵身跃起，睡意全无，"都讲完了再看就不刺激了，快借我看看。"

詹金斯看着兹尔默的计谋得逞，笑着说："我猜你会受不了这个诱惑，科幻小说对于你来说，可比一个漂亮姑娘更有吸引力！"

"你们不也一样吗？看见科幻故事就没命。每次都要一下子读完才过瘾，也顾不上吃饭和睡觉了。最可气的是，看完这之后还要找个听众，给别人大讲特讲一顿才行。"比尔·盖茨一边说着，一边跳下床来。

一天，比尔·盖茨和詹金斯意外地发现兹尔默突然变得沉默寡言。比尔·盖茨私下对詹金斯说："兹尔默好像有什么心事。"

"是啊，他眉头紧锁、很不开心的样子。我们得帮帮他才行。"

"晚上去咱们的老地方，校门口的那间啤酒屋坐坐吧。"

"好主意。"

当晚，三人相约围坐在啤酒屋的桌旁。

"书上说，倾诉是解除烦闷的最好办法，你相信吗，山姆？"比尔·盖茨首先打开了话匣子。

"很不好意思，让你们为我费心。我……我只是想多赚一点钱。"兹尔默头压得很低。

"你不是每学期都拿奖学金吗？那可是一笔不小的收入啊。"詹金斯说。

"不过现在，我需要一大笔钱。我的母亲前几天来信，说我爸爸病了，手术费用很高……"

"我可以从家里借些钱来。"比尔·盖茨说。

"我也可以。"詹金斯忙说。

"我不想连累大家，我想找一份工作，用自己的劳动赚更多的钱，我相信自己有这个能力。"

"你的专业成绩一直都不错，我们也相信你一定会成功！"詹金斯鼓励他。

"我爸爸在这里有几位好朋友，他们都是市里政法界的要人，我跟他们说说，他们肯定愿意出力帮我这个忙。"盖茨说。

"谢谢，非常感谢！"兹尔默非常激动，"我以为你们会瞧不起我这个穷孩子。"

比尔·盖茨很认真地说："怎么会呢？我们是朋友。朋友从来就不是以贫富来划分的，相信我们共同努力，一定会让你父亲度过这个难关。"

"为了患难中真正的友谊，干杯！"三个年轻人将杯中的酒一饮而尽。

没过多久，比尔·盖茨真的通过父亲的关系，为兹尔默在市政部门找了一份发送文件的工作，收入很不错。比尔·盖茨又偷偷地给兹尔默家邮了一笔钱。

"谢谢你们！"兹尔默手里拿着一封信，对比尔·盖茨和詹金斯说，"妈妈来信说，爸爸手术很成功。我知道，是你们帮助了我……"

"没关系，谁让我们是好朋友呢！"比尔·盖茨说。

哈佛大学的机房是个管理极其严密的地方，几个管理员负责这里的一切。比尔·盖茨是这里的常客。

这天，又响起了管理员的催促声："比尔·盖茨，该走了，下班的时间已经到了，你看，大家都去吃晚饭了。"

"谢谢，约克，谢谢你提醒我，我还真有点饿了呢。再等我五分钟，我马上就完成。"比尔·盖茨说着，加快了手指在键盘上舞动的速度。

比尔·盖茨一边打字一边问："约克，你最喜欢吃什么东西呢？"

"什么都爱吃，特别是水果和奶酪。"

"我也是，可我最想吃的还是我妈妈做的小馅饼，又香又脆，味道美极了。"比尔·盖茨瞟了约克一眼，"你听说过'食人族'的故事吗？"

"'食人族'长得什么样子？真的吃人吗？"

"那当然，他们个个青面獠（liáo）牙，两条粗壮的腿，跑起来比汽车还快。一次，一个'食人族'要吃一个姑娘，姑娘被吓得尿了裤子。'食人族'气恼地说：'唉！真糟糕，把汤弄洒了。'"

管理员被逗得哈哈大笑，突然他好像想起了什么，拍着比尔·盖茨的脑袋。"臭小子，又蒙我，总给我编些稀奇古怪的故事来拖延时间。行了，快走吧，又让你多玩了半个多小时。"

计算机专业的学生上课的时候，比尔·盖茨又悄悄地溜进了机房。

"那位同学，这是专业授课时间，请改日再来吧！"老师很快就认出了这个陌生的面孔。

"詹姆斯先生，我就是赶来上您的课的。"比尔·盖茨诚恳地望着老师。

"很抱歉，我不教非专业的学生。"

"我的计算机水平跟专业的一样好，不信我给您演示一下。现在我正在设计计算机垒球的游戏规则，我需要一台精密的计算机。"

"我们的机器数量有限，本专业的同学也得轮流上机，很遗憾，不过我会关注你的计算机垒球的。"詹姆斯被比尔·盖茨感动了。

一连几周，比尔·盖茨都在潜心研究他的计算机垒球赛的BASIC程序。

由阿尔塔引发的
✸计算机革命✸

    这天下午，保罗又来到哈佛看比尔。他知道比尔平时总是逃掉大多数课程，到了期末再猛学一阵，而节省下来的时间都用在玩计算机和扑克游戏上。

    果然，和从前一样，保罗在比尔的寝室找到了正蒙头大睡的比尔。"醒醒！大白天不去上课，却睡大觉！"

    比尔醒了，打着哈欠，说："困死我了，有什么好消息要告诉我吗？"

    保罗坐下来，笑笑说："哪有什么好消息，等着你做梦能梦出来呢！"

    比尔有些不满意，赖在那里不肯起来，说："那你来干什么？还打扰我睡觉。我已经两天两夜没合眼了。"

    "你玩计算机，玩得再疯有什么用？我们得想办法干一番事业，计算机肯定会大为普及……"保罗又开始了他的游说工作。

    "行了，别给我上课了。我也知道计算机有光辉的前景，它将引发一场新的技术革命，甚至会像当年蒸汽机、汽车、飞机那样，使人类生活方式发生重大变化。可是，现在我们能做什么呢？"对于保罗的话，比尔·盖茨早就倒背如流了。

    "问题不是我们能做什么，是应该好好想一想，我们想做什么。我们成立计算机公司，这一点是肯定的，可从何开

始啊？是继续经营我们的小公司，还是另起炉灶？"

"当然是另起炉灶。可是，我们肯定不能从事硬件行业，因为我们没那么多钱，而且风险也大。要做只能从事软件行业，在软件上我们有优势。"

"我同意你的意见，可我们总得干起来呀。不能这么白白浪费时光，让别人抢了先呀！"

"我也想立即就干起来，可现在被陷在这里了。最大的问题是我不能违背父母的意愿。"

"你父母明知道你对法学不感兴趣，为什么还逼你？"

"他没有逼我，只是对计算机的前景认识不足。他们甚至说，如果我确实不想当律师，可以当数学家。"

"对呀！你数学不是一直挺棒嘛！而且你在数学上有特殊的天赋啊！"

"在湖滨时，我真有过当数学家的念头。可到哈佛后，特别是到二年级后，我发现有几个同学数学比我更好，我就放弃了专攻数学的念头。我不愿意屈居第二，干就干得最好，不然宁可不干！"

保罗说："比尔，你老是这样玩性不改，咱们的正经事怎么办？我都快急疯了！"

比尔笑了笑，说："有些事着急也没用。况且，我现在也只能这样打发时间，除非你有什么好计划让我干。"

保罗无奈地摇了摇头，说："天上能掉下好计划来吗？那得我们自己去创造！"

保罗离去后，比尔跳下床，简单地洗漱完毕，又精神十足地走向了牌桌……

1974年12月的一个清晨，保罗·艾伦再次穿越哈佛广场来看比尔·盖茨。

走到哈佛大学书报亭的时候，艾伦突然停住了脚步，他被一本《大众电子》杂志吸引住了。原来这期杂志的封面上刊载了一台计算机的照片，它只有电烤箱那么大。这就是世界上第一台微型计算机。

艾伦赶紧买下了这本杂志，仔细地读了起来。这正是使用8080微处理器的计算机，叫阿尔塔，是艾德·罗伯茨开发的产品。可是因为没有软件，这台计算机还不能运行。

艾伦马不停蹄地找到比尔·盖茨，把这件事说给他听，两个人立刻决定打电话给罗伯茨。

比尔·盖茨焦急地说："罗伯茨先生，我们是西雅图交通数据公司的代表，我们研究了《大众电子》上的那篇文章，我们已经开发了一种BASIC语言，它完全可以应用到你的计算机上，我们可以就这件事详细谈谈吗？"

老练的罗伯茨一听就是小孩子的声音，他根本不相信比尔·盖茨他们的话。

"小伙子，你不要再谈了，已经有50个人和我谈过类似的话，我都不会相信的。我只相信结果，如果谁能提供最成熟的语言，我就和谁合作。"罗伯茨简短地结束了通话。

比尔·盖茨和艾伦并没有灰心，他们又写了一封长信，详细说明了他们研制的成果，并再三保证这种BASIC语言完全可以在8080微处理器上使用，每套售价只要五美分。

罗伯茨看到信后，激起了强烈的好奇心，于是拨通了信上标注的电话号码。粗心的比尔·盖茨居然写的是湖滨中学

的电话号码，学校的人根本不知道这件事，罗伯茨认为这不过是有人开玩笑而已。

又过了几天，有人向罗伯茨说起了交通数据公司。罗伯茨便与他们取得联系，这真是值得庆幸！盖茨和艾伦没有想到罗伯茨会找上门来。

两个人决定利用哈佛大学实验室的计算机来模拟阿尔塔微处理器进行研究。四个星期后，BASIC语言的编写已基本完成，于是他们再次给罗伯茨打电话，说他们已经成功地在阿尔塔上应用了BASIC语言。而实际上，这是他们的一个小小的谎言，他们从未见过阿尔塔计算机。

罗伯茨听到这个消息后，半信半疑："如果是那样的话，你们就来我这里，给我演示一下。"罗伯茨和他们约定在三个星期后见面。

同罗伯茨约定的日子到了，比尔·盖茨决定让保罗一个人先去。为了保证万无一失，他又一次仔细地把程序检查了一遍，然后交给保罗。

在保罗的想象中，罗伯茨的办公室一定坐落在市区的大厦里，宽敞明亮，气派豪华。可是他坐在罗伯茨的卡车里，拐来拐去的竟在一家洗衣店旁停了下来，罗伯茨指着旁边的一个店铺说："这就是我的办公室。"这大大出乎保罗的意料，想不到阿尔塔这样一台微型计算机竟会出自这里。他们准备马上试验比尔·盖茨用BASIC语言编制的第一套软件，那是模拟宇宙飞船在燃料用完之前在月球上着陆的程序。

比尔一向贪睡，可这天早晨却起得比任何同学都早，不声不响地走出了宿舍。

比尔来到离校门口不远的那个啤酒屋，要了一杯啤酒和几块点心，慢慢地吃喝起来。他不时心不在焉地瞟着吧台上的那部电话。

一杯啤酒刚喝光，同学鲍尔默探头探脑地走进来："嗨，你真跑这儿来啦，这些日子你怎么回事？总神神秘秘的，找你玩扑克也不玩！失恋了？"

"都不是……"

"今天你得告诉我，到底出了什么事。你不说，就不把我当哥们儿！"

比尔又看了一眼电话机，说："你请我喝啤酒，我就告诉你。"

鲍尔默要了两杯啤酒。

比尔说："我来是等个电话。你知道我的好朋友保罗吧？他昨天去了新墨西哥州的阿尔伯克基，我们约定今天上午他往这里打电话。"

"怎么不让他往学校打电话？"

"学校的电话太忙。况且，我也不想让更多的人知道我们的事。"

"到底什么事啊？"

"关于计算机方面的事。你不知道，阿尔伯克基的微型仪器遥测系统公司新生产出一种微型计算机，叫阿尔塔……"

"我不太懂计算机，你别说得那么专业。"

"简单说吧，这种微型计算机使用的是英特尔公司新推出的8080芯片，我和保罗早就预见到这种芯片适用微型计算

机，就给一些大公司写信，建议他们生产微型计算机，我们可以为这种芯片编写一种新的BASIC语言。"

"但我们的信件都没得到答复。没想到阿尔塔却问世了。我们在《大众电子》杂志上得知这一信息后，立即与生产阿尔塔的公司联系，提出为他们编写BASIC语言，因为阿尔塔使用的正是8080微处理器。"

"那家公司的老板让我们试试。于是，保罗在计算机上做出了阿尔塔处理器的模拟器，我开始编制BASIC语言程序。我们依靠的参考资料只有《大众电子》上的那篇文章，还有8080芯片的详细说明书。"

"我们苦干了八个星期，终于完成了。于是，昨天保罗带着我们编制的程序飞往阿尔伯克基。"

"我看你挺紧张，是不是怕你们的东西不行？"

"我心里真没底。因为我们没见过阿尔塔计算机，也没见过8080微处理器。鬼知道我们编制的程序对阿尔塔是不是好用。"

电话机响了。

胖老板娘接起了电话，转身询问比尔和鲍尔默："你们谁叫比尔·盖茨，长途电话。"

比尔接过听筒，颤声问："怎么样？"

听筒里传来保罗激动的声音："比尔，我们成功了！你猜他们经理怎么说，他高喊着他们的机器终于成了有用的机器，而这多亏了我们的程序。他们已答应按我们的条件订购软件。"

"好极啦！"

比尔·盖茨一听到这个消息，马上就意识到他编写的BASIC语言不仅可以使阿尔塔腾飞，而且对于整个计算机行业也具有革命性的意义。

由于比尔·盖茨和保罗·艾伦研制的软件使计算机进入了全新的实用领域，计算机得到了迅速而普遍的推广，在很短的时间内由美国西北部蔓延到了整个美国。人们争相购买这种计算机。不久，计算机热潮席卷了全世界。

推动计算机革命的人物比尔·盖茨和保罗·艾伦，当时年龄分别不到20岁和22岁。

一天，保罗给比尔·盖茨打来了电话。

"比尔·盖茨，罗伯茨打来电话，问我能不能为他的公司服务，他会提供职位和很高的工资。我答应了他。"

"这很好啊，是一个好机会。"

"那么你呢？"

"我？每天和同学们一起打扑克。"比尔·盖茨轻松地说。

"你怎么又玩起了扑克？"保罗十分生气。

"其实，我心里时时刻刻在盘算着自己的前程。"

保罗·艾伦接受了罗伯茨的邀请，于1975年5月到他的公司任软件部经理，专门负责开发软件，其实他不过是个光杆司令——所谓软件部也就是他一个人而已。这个公司已经名扬四海，就像一块强大的磁铁，吸引着无数计算机爱好者，这些人做梦都想拥有一台个人计算机。罗伯茨把这种庞然大物缩小成了可以放进书房的玩意儿，当时的美国人都希望率先掌握这种有可能领导新潮流的技术。因此罗伯茨的公司生意兴隆，忙着生产阿尔塔计算机。

比尔·盖茨仍然回到哈佛大学念书、打牌，做他并没有多大兴趣的事情。保罗动员比尔·盖茨假期中也到这家公司继续改进BASIC语言。

比尔·盖茨研制的BASIC语言经过无数次改进，已经达到了在当时看来相当可靠的水平：使用者一旦出错，它就会产生提示，告诉错误出在什么地方；另外，它不会像当时的许多软件一样，因为自身有错而导致死机。

一天，盖茨和保罗像两个打了胜仗的将军，得意地走进一家冷饮店。两个人一边吃着冰淇淋，一边愉快地交谈着。

"比尔·盖茨，我们还不能满足于目前这点成绩，还有许多事情要做。"

"是的，我也是这样想的。我还要把BASIC语言再检查几遍，其中有些小的程序错误，还要挑出来并改正它。"

"我先回霍尼韦尔，在那里可以一边工作，一边编制新程序，以便为将来做打算。"

比尔·盖茨满怀喜悦地回到了宿舍，一头倒在了床上。BASIC语言在阿尔塔上运行成功，这给了比尔·盖茨莫大的鼓舞。他再一次意识到哈佛大学的生活已经索然无味了，他不可能一辈子过着打牌、游戏的生活，一个具有挑战性的全新领域在向他遥遥招手。

起步的艰难

　　成功之后的保罗与比尔再次商定要办一家属于自己的软件公司，他们坚信靠出售他们发明的软件可以赚一笔大钱。这时的比尔面临一个艰难而重大的选择：要么不办公司继续留在哈佛读书，要么办公司而告别哈佛。创业与哈佛，他只能选择一样。

　　经过再三思考，比尔终于决定离开哈佛，立即投身计算机事业。他的决定理所当然地遭到了父母的强烈反对。

　　母亲说："你这个决定太轻率了，我的儿子。你知道吗，哈佛的学位是多少人梦寐以求的啊。"

　　父亲说："我觉得，你创办软件公司与完成学业并不矛盾。为什么不能等到毕业之后再去创办公司呢？比尔，我们对你的事情一直都非常支持，你是否能听我们一次呢？"

　　比尔坚决地说："爸爸、妈妈，对你们以前给我的支持，我一直心怀感激。这次不管你们是否答应我的决定，我仍然像以前那样的爱你们，不会心存一点怨恨。因为我深知，你们完全是为了我好。但是，我想说，我对计算机前景的预见要比你们更远一些，我知道一场席卷全球的计算机革命即将来临。如果错过这一大好时机，我将遗憾终生。如果我抓住了这个机会，也许就能取得无比辉煌的成就，从而使哈佛学位变得不值一提。"

　　母亲轻叹了一声，说："好吧，我的儿子。你可以说我们是计算机方面的外行，我们会找个内行来和你谈。我们知

道，不说服你，而强迫你留在哈佛，对你的成长和发展是不利的。"

"我知道你母亲说的是谁了。她说的是受人尊敬的商业领袖斯托姆。你是了解斯托姆的，而且也十分尊敬他，他的话你总该听吧？"

"是的，你们不止一次对我谈起这位前辈。我知道他是一个白手起家的千万富翁，一位著名的慈善家。他靠电子业致富，也精通计算机技术。我想，他应该明了计算机的发展前景……"

比尔的父母万万没有想到，在斯托姆与比尔谈话之后，斯托姆反倒被比尔说服了，反过来帮助儿子劝说他们支持比尔的决定。这下，他们觉得再也没有任何人、任何力量能够阻止比尔·盖茨创业的脚步了。

1975年7月，比尔·盖茨和保罗·艾伦多年来的梦想终于如愿以偿：他们在新墨西哥州的阿尔伯克基正式创建了微软公司。

"微软"二字是微型计算机和软件的缩写。这个公司就其实质而言，并不是他们原来创建的那个交通数据公司，这两个公司在法律上是完全独立的个体。按照比尔和保罗当时的协定，微软公司的权益按个人投入的劳动分配，比例分别为：比尔占60%，保罗占40%。后来这个比例又调整到64%和36%。

公司成立后，比尔·盖茨很快找到了罗伯茨，想让他为微软销售BASIC软件。

"这很好办，"罗伯茨说，"我在销售的时候可以采取

搭售的办法。谁买这套软件，就要买我的机器。不然的话，这软件的价钱可是很高的哟。"罗伯茨自认为这个办法很好，但不久就遭到了客户的强烈反对。因为单买一套BASIC软件、价格比机器还贵。再加上罗伯茨制造的计算机质量欠佳，又不能向用户如期交货，寄出去的存储卡往往不能正常工作，顾客急需的BASIC软件因"暂时无货"而久久收不到，这使用户对罗伯茨的微型仪器公司大为不满，也直接影响到了微软公司的效益。

比尔·盖茨看见了这种销售方式产生的不良后果，决心不再把软件作为计算机的搭配出售，而必须向公众建立软件是单独一种商品的概念。

一天，比尔·盖茨和保罗找到了罗伯茨。"我们有一个想法，也许对咱们两个公司都有好处，想和您商量一下。"比尔·盖茨委婉地说。

"什么样的想法？说出来看看。"

"我想把BASIC语言一次性卖给您，怎么样？"

罗伯茨一下子从椅子上站了起来，两眼死死地盯着比尔·盖茨，之后在办公室里来回走着。

"看在我们两个公司合作这么长时间，大家又都是朋友的份上，价钱么，可以低一些，就6300美元吧。您看怎么样？"此时的比尔·盖茨完全已变成一个出色的生意人。

"不不不。"罗伯茨连连摆手，"我怎么能占你们的便宜呢？我看，咱们还是像以前那样合作为好。"

"这个价格已经很低了，如果您嫌高，我们还可以再让一些。"比尔·盖茨有些着急。

罗伯茨连连摇头。"不是价钱的问题。我不会一下子买断的，咱们还是按以前的协议一起合作吧。"

无论比尔·盖茨怎么劝说，罗伯茨就是不同意一次性买下BASIC语言。

后来，一个硬件工程师问罗伯茨："为什么不买下他们的BASIC语言呢？6300美元多便宜呀，这两个人已经从我们这里拿走18万美元了。"

"你懂什么？如果他俩把BASIC语言一次性卖给我，他们马上就会离开我们公司。那以后谁会为我们开发新的软件程序呢？如果BASIC出现程序错误，谁会修改呢？你会吗？"原来，罗伯茨一直都以比尔·盖茨和保罗·艾伦为他开发BASIC软件作为噱头。

过了一段时间，有人在计算机俱乐部的一个展览场里意外地拾到了罗伯茨微型仪器公司的BASIC语言打孔纸条，便交给一名叫丹·索科尔的人复制。于是，微软公司的BASIC软件被无穷尽地拷贝出来，免费送给所有阿尔塔的使用者和业余计算机爱好者。微软公司的收入由此大受影响。

比尔·盖茨知道后暴跳如雷。"真是赤裸裸的盗窃！怎么能这样抢夺我们的劳动成果！"

"再说，这个软件还不完善，我们是想将其中残存的错误清除干净后再公开发行的。"保罗·艾伦也十分气愤。

比尔·盖茨和保罗·艾伦经研究决定采取一个新的方法，试图使自己完全摆脱盗版者的困扰。

"我们可以在非专有的基础上将BASIC一次性发放许可证，固定费用为3.12万美元。这笔钱在两年内以每月1300美元付清。"比尔·盖茨建议道。

保罗拍手叫好："好啊，这样一下子解决了两个问题：一是我们微软公司可以保留对产品的控制权；二是微软公司可以忽略盗版者。至于微型仪器公司怎样再对BASIC索价，就由他们自己定了。"

"对，就是这样，微型仪器公司也可以不定价。至于软件的好坏，与微软公司无关。"

就这样，微软公司基本上从盗版风波中解脱出来。

比尔·盖茨又开始四处奔走，到各计算机公司去宣传他的BASIC语言软件，希望这些公司在出售他们的计算机时，能够配上微软公司的BASIC语言软件。比尔·盖茨在计算机软件方面非凡的知识，以及他强大的说服力，给各大公司的经理们留下深刻的印象，不久他就得到了通用电气公司、NCR公司、花旗银行等大型企业的订单。

"比尔，我们的公司人手不够，咱们两个人根本忙不过来，需要再雇些人了。"保罗向比尔·盖茨提出了建议。

"我也有这种感觉，不过聘谁呢？"

"还记得湖滨程序编制小组的理查德·韦兰德吗？可以让他来微软公司呀！"

"对呀，怎么把他给忘了，还有我的同班同学马克·麦克唐纳，软件编程方面也很在行，不妨也请他过来。"

"那样最好了。"

1976年，马克·麦克唐纳和理查德·韦兰德先后进入微软公司工作。马克·麦克唐纳很快改进了8080处理器的BASIC语言，韦兰德则为摩托罗拉公司的8800处理器编写

BASIC语言和COBOL语言。

8月的一天，两个学生来到了微软公司。

比尔·盖茨问："你们找谁？"

"我们是来应聘的。"

"我们是斯坦福大学的毕业生，我叫阿伯特·朱，他叫史蒂夫·伍德。我们是看到张贴在学校里的招聘广告以后才来的。"

"实在不好意思，你们看，这里比较拥挤，又比较吵闹，工作环境差了些。不过工作起来挺有意思的。"比尔·盖茨问，"你们会喜欢这里吗？"

"没关系，工作条件对我们来说并不重要。我们很喜欢自由的环境。"

"我们是看好了微软公司的业务，以及软件事业的发展前景才来这里的。"

"太好了。"比尔·盖茨非常高兴，看来还是有人认同他们的公司和理念的，"那就上机操作一下吧，让我看一看你们的水平。"

两个人被顺利录取。

公司的规模越发壮大起来，比尔·盖茨就在阿尔伯克基市区里租下四个房间作为微软公司的办公室。

此时的罗伯茨由于不听取别人的意见，缺乏市场眼光，导致公司无法继续维持，只好转卖给一家叫做佩特克的公司。

在BASIC语言软件的销售上，微软和佩特克发生了分歧。佩特克认为，既然他们买下了罗伯茨的公司，BASIC语言软件的专利权就应该属于他们。对于这种说法，比尔·盖

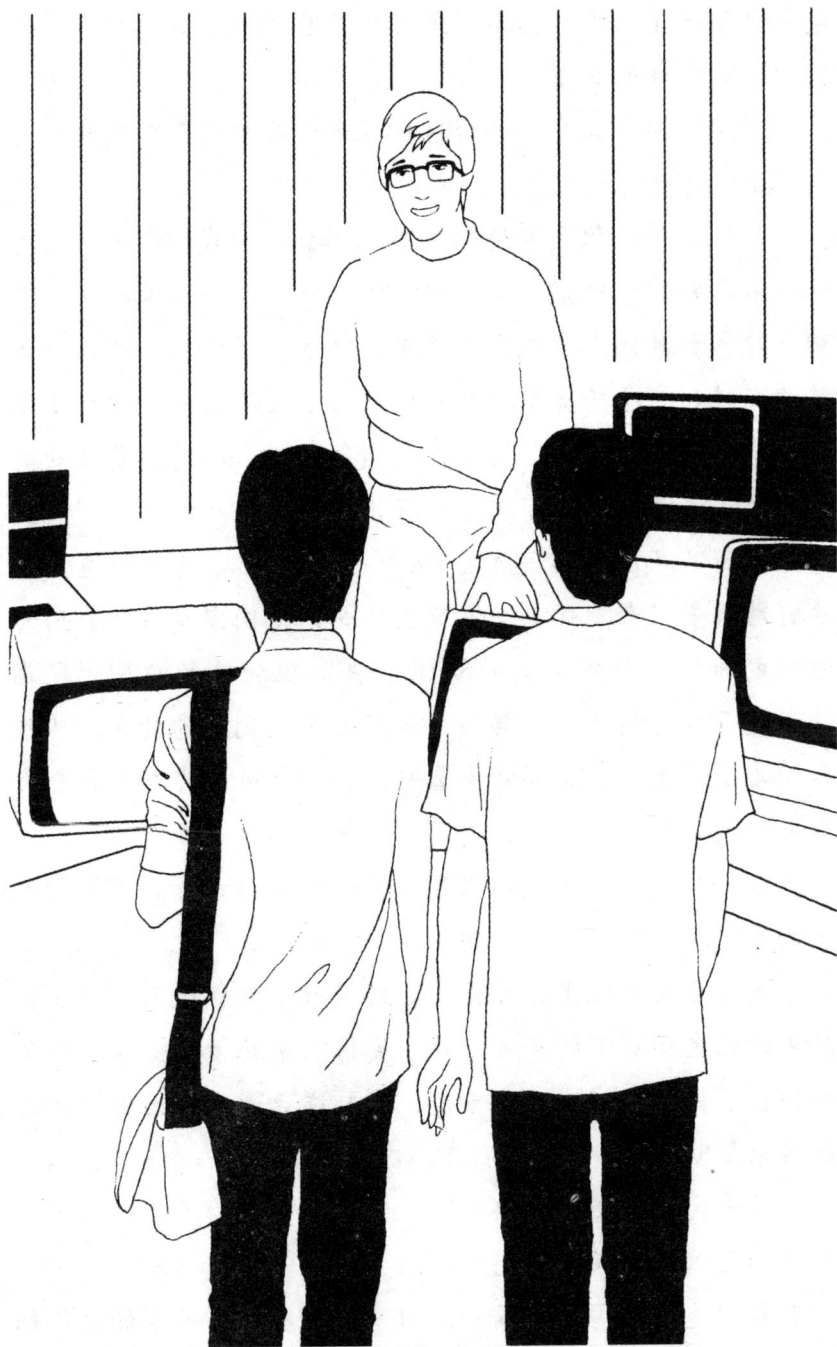

茨和保罗很是愤怒，因为罗伯茨只是负责销售这个软件，而他们才是软件的真正主人。

不过，佩特克公司的经理们根本没有把这两个刚刚20出头的小青年放在眼里。

"小伙子，你们最好明智些，不要再和我们争了，因为你们不是我们的对手。"

双方强硬的态度使得这件事最终闹上了法庭。比尔·盖茨没有料到，这场官司竟使自己陷入了经济困境。因为法院规定，在结案前不许动用软件的销售所得，而这正是微软的主要经济来源。这下可急坏了微软公司的所有人。

幸好，天无绝人之路，在等待裁决的时候，一笔大生意自动找上门来。那是一家仪器公司，他们需要微软公司为他们的新机器配备全新的BASIC软件。但软件的归属问题在这时还没有得到最后的解决，无疑会影响到生意的成交。比尔·盖茨不想失去这样的大客户，有什么办法呢？他一直在琢磨。

最后，比尔·盖茨和保罗说服了仪器公司，在不预付现金的情况下接下了这笔生意。

虽然生意谈成了，可是，公司没有了软件收入，还要付房屋的租金和员工的工资，资金变得越来越紧张。这时，父亲伸出了援手："比尔·盖茨，我知道你遇到了困难，还是让我来帮助你吧。"

"不，我会想出办法的。"比尔·盖茨为了渡过难关，只好向员工借了7000美元。

在打这场官司的时候，比尔·盖茨在哈佛所学的法律知

识曾助他一臂之力。他还经常去向父亲讨教。父亲仔细分析案情之后告诉他，这场官司完全有机会打赢，他还为儿子介绍了阿尔伯克基的一位资深律师。

1977年12月，法院指派的仲裁人员终于宣布佩特克公司和艾德·罗伯茨违背协议，罗伯茨将BASIC语言软件的专利权卖给佩特克公司这一行为属"商业剽窃"，判定微型仪器公司有权使用BASIC软件，而微软公司则最终享有该软件的销售权。也就是说，微软公司可以继续销售软件，佩特克公司不能再分享BASIC软件的任何利润。

这件事给了比尔·盖茨很大的启发，他对法律的作用也有了深刻的认识。从此之后，微软公司再也没有发生过"经济危机"。

1977年，美国举行了全国计算机大会，参加这次大会的都是一些著名的大公司。像微软这样初创的公司一般是不会参加的，因为参加这样的大会需要耗费很多钱。

比尔·盖茨劝保罗说："保罗，我们还是去吧！会期一天天临近，如果不参加这次大会，我们就会像聋子和瞎子一样，什么也听不到，什么也看不到。"

"是啊，我也知道参加的好处，可是……"保罗担心的是要花费很多钱。

"不，"比尔·盖茨看上去很坚定，"一定要参加，就是掏空家底，我们也要去。"

参加过这次大会后，公司的业务迅速扩大，一片繁忙景象。这时，他们不得不再雇佣一个女秘书来管理杂务。

卢堡是一个四十多岁的家庭妇女，她想出来干点事情，

于是顺理成章来到了微软公司面试。

这一天，比尔·盖茨不在公司，伍德负责面试这位应聘者。伍德是公司的老员工，也是比尔·盖茨的朋友，他自称是总经理，对卢堡说："我们考虑一下，一个星期后会给你通知的。"

一个星期后，卢堡接到了录用通知。她很快就到公司上班了。她发现公司里只有几个年纪轻轻的小伙子，几间房里全是计算机，人们干的活儿就是从早到晚在键盘上敲个不停。

有一天，卢堡看见一位她从来没有见过的年轻人大摇大摆地走进了办公室，她立刻去报告伍德。

卢堡慌慌张张地说："伍德，有一个小孩闯进了董事长的办公室。"

伍德抬起头看了一眼办公室，说："那个小孩就是董事长。"

卢堡张大嘴巴，半天才问："请问，董事长多大了？"

"21岁了。"

她很快发现，比尔·盖茨虽然年轻，却非同凡响，他具有一个杰出人物必备的所有优秀素质。他记忆力惊人，卢堡问他任何一个电话号码，他都能随口说出来。

随着业务的不断扩大，美国许多赫赫有名的公司的老板，一个接一个地来到这家小公司，拜访这个只有21岁的小董事长。

这些老板来之前，总要打电话询问卢堡到机场如何知道前来迎接的人是比尔·盖茨。卢堡总是千篇一律地回答："简单极了，如果你看见一个戴眼镜的金发孩子，模样只有16岁左右，各方面都有点与众不同，那就是他。"

卢堡成了微软公司的总管家。她发工资、记账、接订货单、采购、打字、照顾公司职员的生活，让他们工作的环境尽可能更加舒适、方便一些。她按比尔·盖茨的嘱咐去商店订货，让他们每星期给微软公司送两次可口可乐。后来，微软公司又免费给职员提供了牛奶和果汁。

有一次，马克上班时发现他前一天编制的一叠程序纸不见了，很不高兴地问卢堡是不是把它给扔了。卢堡说绝无此事，因为她从来不会扔掉办公室里的任何纸张，她知道这是一条严格的纪律。但是马克坚持称他昨天晚上在计算机下放了一厚叠报表纸。卢堡想了半天，才意识到这可能是清洁工打扫屋子时，把地板上的东西都当垃圾清理了。这使马克几个小时的工作全部付诸东流。于是卢堡又为清洁工做了新的规定：屋子里的所有东西，除废纸篓外，一律不得清扫。但是如此一来，连乱七八糟地堆放在地板上的可乐空瓶，清洁工也不敢清扫了。卢堡只好向清洁工不断解释，垃圾在微软公司这个特定环境下的概念。

卢堡在公司里也学会了使用计算机，不过，她的工作也就是在电脑上用磁盘为用户拷贝BASIC或FORTRAN软件。干着这样的工作，她真感到自豪极了！

◎BASIC或FORTRAN软件：英文"Formula Translator"的缩写，可译为"公式翻译器"。它是世界上第一个计算机高级程序设计语言，广泛应用于科学和工程计算领域。迄今为止，FORTRAN语言以其特有的功能在数值、科学和工程计算领域仍然发挥着重要作用。

✷ 向西雅图进发 ✷

　　20世纪70年代是美国计算机和计算机软件行业蓬勃发展的年代，大有群雄争霸、各领风骚的气势。尤其在20世纪70年代后期，"几乎每个星期都有新牌微型机问世"。但是也可以想象在成功者辈出的同时，又有多少失败者落荒而逃。前面提到的罗伯茨的微型仪器公司就是其中之一，它生产的阿尔塔计算机质量上不去，公司在强手如林的角逐中败北，最后被佩特克公司收购是必然趋势。而佩特克公司不久也奄奄一息。后起之秀的IMSAI公司意欲生产更专业化的计算机以赢得市场，但仍然因质量方面的原因而美梦难圆，最后也濒临破产。这也给微软公司带来一些损失，因为IMSAI同微软公司签订了转让FORTRAN语言软件专利的协定，IMSAI倒闭，微软公司也就得不到这笔款项了。

　　1977年，终于出现了坦迪克公司的TRS-80型计算机、科莫多公司的PET型计算机和苹果公司的苹果二号计算机。这些计算机在性能和质量上都远远超过了以前的产品，销售量当然也就扶摇直上：TRS-80型计算机上市一个月就卖出一万台；PET于1977年在第一届西海岸计算机交易会上大获成功；苹果二号机不仅质量优异，使用方便，而且具备了磁盘驱动器，很快成为热门产品。微软公司先后为这些计算机开发了先进的BASIC语言。

　　但是，在计算机发展之初，各公司为了求新和保持自己的特色，都独自采取一套操作系统。软件公司不得不投其所

好，为它们编制形形色色的软件。因为它们的应用范围太有限，虽然专业人士花费大量精力将这些软件编制出来，却无法在销售量上带来巨大的突破。

这时，比尔的老熟人加里·基尔代尔教授为英特尔公司的8080微处理器编制了一套叫做CP/M的微机控制程序，所有用8080微处理器的计算机都可以使用这个操作系统。于是，在不到一年的时间里，几十家公司都采用了这套操作系统，这使基尔代尔一年的收入超过了6万美元。

比尔·盖茨和保罗·艾伦也看准了CP/M的前景，他们知道这个操作系统最终将成为一个标准。他们在研制开发他们的数据处理语言时，就选择了这个系统，以使他们的程序可以为许多

◎P/M：由Digital Research公司在1974年开发，为8位CPU的个人电脑所设计。

计算机采用。果不其然，他们的软件销路十分广阔。

1977年，微软公司的销售额达到50万美元。到了1978年，微软公司已经在微机语言上占据了统治地位，他们的BASIC已推出第5版，逐渐被人们公认为标准件。年底，公司的赢利突破100万美元，已有13名雇员。

许多国家或政府都有一个专门的机构为一些技术设置规范，使它具有通用性，这就叫做法定标准，具有法律的效力。但是，国家制定的标准往往不一定就是市场上习以为常的标准。比如，一般人想当然地以为，英文打字机和电脑的键盘设置，一定是百余年来经过无数次改进，根据各字母的使用率确定下来的，应该是十分科学了。然而，事实却并非

如此：它的键盘设置是开始的时候随意定下的，但是由于已被社会确认，也就成了一种事实标准。

比尔·盖茨对事实标准有着深刻的认识。他说："事实标准常常通过经济机制在市场上发生变化，这种经济机制与推动商业成果的正向螺旋十分相似，它使一个成功推动另一个成功。这一概念叫做正反馈（ki ），它说明事实标准为什么常常出现在人们寻求兼容性的时候。"

那么，如何才能产生正反馈循环呢？比尔·盖茨认为事情非常简单，"只要有一种稍微优于对手的做法就行了"。而在高技术产品中，实现兼容性就是最有效的做法，既可以生产大量的产品，成本也不一定会有多大增加。他举了20世纪70年代末和80年代初录像机的制式之战的例子。从技术上说，当时的BETA制式更为出色。但是，使用这种制式，一盘录像带只能录制一个小时，无法录下一场电影或一场足球赛；而用VHS制式，一盘磁带则可以录3个小时。比较起录像的质量来，当时一般的用户更关心的是带子的容量。因此，JVC公司开发了VHS标准，并容许其他录像机生产厂以低廉的许可费使用这一标准。于是，VHS制式的录像机被大量生产出来，VHS制式的录像带也随之占领了市场；人们自然就习以为常地认为VHS制式是一种恒久的标准而愿意多收藏VHS制式的带子。生产厂家便加倍生产，使它逐渐占领了市场。1983年，当VHS制式磁带开始逐渐被确立为标准的时候，它在美国的销售量也随之开始剧增，当年就比前一年增加50%，为950多万盒；1984年，销量达到2200万盒；至1987年，该数字升至1.1亿盒。至此，VHS录像机便完成了一统天下的大任。而与JVC公司同时起步的SONY公司曾使用BETA制式，由于这种制式对用户不太有利，就逐渐被冷落下来，最终导致彻底失败。比尔·盖茨说："VHS是正向反馈循环的受益者。"他还说："从这一点就可以看出，一种新技术接受水平的数量变化，能够导致技术作用本身的质量变化。"

他还以激光唱机为例，来说明配套软件对于建立标准的重大作用。他说，这种唱机刚问世的时候，销量不多，原因之一在于没有更多的音乐曲目可供使用。后来，当激光唱片大量涌入市场之后，激光唱机的优越性就被充分显露出来，很快取代了有百年以上历史的机械唱机。

比尔·盖茨深刻认识到：计算机对其用户的价值的大小，取决于它的质量和可供计算机使用的各种应用软件。他希望进一步扩大自己的公司，但是，既然与罗伯茨已经毫无关系，他们就没有必要继续留在阿尔伯克基。有人建议比尔·盖茨把公司迁往加利福尼亚州的硅谷。那是一个高技术公司密集的地方，是许多著名计算机公司的诞生之地，对于微软公司今后的发展应是大有好处的。

在新墨西哥的阿尔伯克基，由于计算机市场的风云变幻，昔日的计算机公司已逐渐因经营不善而隐退，只有微软公司还在这里死死坚持着。

"保罗，我觉得我们应该搬家了，这里死气沉沉，像与世隔绝一样。"比尔·盖茨说。

"是啊！"保罗说，"可是哪里更合适呢？"

"西雅图。"

"看来，西雅图是合适的，"保罗说，"那里有华盛顿

大学，有我们需要的计算机人才，有幽雅的环境和温和的气候，还有我们过去的影子。"

在迁往西雅图之前，微软公司决定在11月7日照一张集体相，来纪念在阿尔伯克基奋斗拼搏的日日夜夜。

"11月7日，这一天是俄国革命成功的日子，它更是微软公司战略大转移的日子。我们每个人都不会忘记这一天。"比尔·盖茨自豪极了。就在这个月，微软公司完成了全年100万的销售额。他们带着这个成绩，要向着大西北进发了。

"比尔·盖茨先生，该出发了，离飞机起飞仅剩下半个小时了。咱们这儿离机场要跑二十多分钟的路。"卢堡再次提醒比尔·盖茨。

"不要着急，我还可以再干10分钟。"比尔·盖茨头也没抬，手在键盘上敲个不停。

"您总是这样。"卢堡有点忍不住了，"上次您路上闯红灯，已经寄来了罚单；再上一次您差点登不上飞机扶梯……"

"可我从来都没耽误过事。"比尔·盖茨依然一动不动。

"可是，比尔·盖茨，开快车是很危险的。"

"放心吧，我喜欢的就是在事情面临紧要关头时那种全力以赴的感觉。在这种情况下，我往往会有高水平的发挥。"

"真拿你没办法。"卢堡只好摇了摇头退出了办公室。

第三章

软件帝国的崛起

- ◆走近"蓝色巨人"
- ◆赌注背后的商业机遇
- ◆"让我来建立这个标准吧"
- ◆封面背后的领军力量
- ◆反击下的"金泡沫软件奖"
- ◆股市里升起的新星

☀ 走近"蓝色巨人" ☀

"孩子，你能回来，我和玛丽都非常高兴，这不，你母亲又去筹办你们的欢迎会去了。"父亲的脸上堆满了笑容，儿子今天取得的成绩已让他刮目相看。

"几年时间，西雅图的变化真大呀！"比尔·盖茨感慨道。

一场盛大的家庭欢迎宴会之后，微软公司的成员们又在比尔·盖茨的带领下不分昼夜地努力工作。

1978年3月的一天，一个日本人把电话打到了西雅图。

"喂，是美国微软公司吗？我要找董事长比尔·盖茨先生。"

比尔·盖茨接过了电话。

"比尔·盖茨，您好！我是日本的西胜彦，我开办了一家计算机公司，还出版了一份计算机杂志，同时也销售计算机软件。我对贵公司的BASIC语言非常感兴趣，很想跟您见上一面。"

"你怎么会知道我呢？"

"我仔细阅读过关于微软公司的大量文章。对于您本人我也略知一二，咱们俩有许多共同之处。"

"是吗？那么你能介绍一下你自己吗？"

"我今年22岁，原是东京名校早稻田大学的学生。本

打算毕业后回家经营一所私立学校的，可是半途迷上了计算机，于是便退学开办了自己的公司。"

比尔·盖茨兴奋地站了起来："我们年龄相同，又有着相似的经历，真是志同道合！"

"比尔·盖茨先生，如果您愿意，欢迎您到日本来做客。机票由我来解决，到那时我们再详谈怎么样？"

"很遗憾，近期我非常忙，不能到日本去。不过三个月后，美国有一个全国性的计算机会议，我们可以在会上见面。那时我们就可以促膝谈心了。"

"很好，我会尽快与您见面。"不久，西胜彦果真来到了美国，在加利福尼亚安娜海姆的一次展销会上，同比尔·盖茨见了面。

比尔·盖茨和西胜彦谈了将近八个小时。"我预测，在不久的将来，个人计算机将像电视机、录像机等电器一样，逐渐进入每个家庭。对计算机软件的需求必然成为一股滚滚洪流。"西胜彦思路清晰，语言流畅。

"你的看法和我一样。我也一直看好计算机的发展前景，我要抓住计算机的灵魂——软件，推动这场革命。现在我所做的一切，就是为了今后把微软公司变成世界上家喻户晓的软件发行公司。"

"我愿意做微软公司在远东地区的代理人，把你的产品推广到全世界。"

两人立刻签定了一份短短的合同，达成一笔超过1.5亿美元的交易。

在西胜彦的介绍下，日本电气公司的主管渡边先生也同比尔·盖茨见了面。

后来，渡边在《华尔街日报》的访问报道中说："我一直认为不打领带、吃着汉堡、喝着可乐、行事不加拘束的年轻人，才能够真正为个人电脑创造出适用的软件。因为个人电脑是属于年轻人的产业。"

一天，西胜彦捧着一份报纸说："比尔·盖茨，你听说了吗，日立公司已宣布将可显示八行字的液晶显示器应用于生产？"

比尔·盖茨说："那又怎么样？"

"我突然有了个灵感，将这种液晶显示器应用于计算机，不是可以大大缩小计算机的体积吗！"西胜彦不愧是电脑高手。

"还真有你的，西胜彦。计算机硬件你也要插一手。"

"我总能在别人不经意的地方发现有价值的东西。不久的将来，一种微型计算机就会问世。"

"如果计算机小到可以随身携带，绝对是一个非同小可的进步。"

两个年轻人开始着手微电脑的研究工作，全世界第一台手提式微电脑就这样诞生了。

当微软的股票准备上市时，比尔·盖茨再次邀请西胜彦："西胜彦，到微软来吧，我可以给你安排一个全职的工作，报酬丰厚。"

"谢谢，比尔·盖茨，我愿意和你共事，却不打算把自己卖给你！"

随着公司的不断扩大，比尔又要搞软件开发，又要负责公

司管理，常常感到力不从心。他想找一个人帮助他管理公司。

于是，比尔请一个商人朋友纽曼为他物色一个懂得公司管理的人才。出乎比尔的意料，这个世界简直太小了，纽曼向比尔推荐的这个人竟然是史蒂夫·鲍尔默——比尔在哈佛时的同班同学，两人还是赌友。

纽曼对比尔介绍说："鲍尔默毕业之后，又去了斯坦福大学攻读硕士，可他没等拿到学位，就去一家公司干了一段时间。现在，他成了抢手人物，有好几家公司要找他做管理工作呢！"

比尔兴奋地说："那么，我一定把他抢到手！"他就是喜欢挑战与竞争。

1980年夏天，鲍尔默受聘到微软公司，职务是总裁助理，年薪5万美元。他和保罗成了比尔得力的左膀右臂。

尽管微软公司的发展势头相当不错，可比尔还是常常为公司的迅速腾飞苦思冥想。因为他想做到最好，所以永远无法满足现状。

1980年8月的一天，比尔接到了IBM公司的电话，对方说有两个特使将来拜访微软公司。

IBM公司也就是国际商用机器公司，创建于1914年，1924年更名为IBM。在20世纪20年代，它是最大的时钟制造商，后

◎IBM公司：总部位于美国纽约州阿尔蒙克，是世界上最大的信息工业跨国公司，同时也是全球最大的硬件公司，信息技术服务及信息技术租赁和融资公司。目前拥有全球雇员30余万人，业务遍及164个国家和地区。

来又成功研制出电动打字机并独霸市场。从1951年起，这家公司开始经营计算机。到70年代，它已经控制了美国60%的计算机市场和大部分欧洲市场。到1980年，IBM公司已有雇员34万，在计算机硬件制造方面独占鳌头，占据了80%以上的大型计算机市场。

比尔·盖茨怎么也没想到鼎鼎大名的IBM公司会派特使主动来访。他猜想对方可能是为了购买软件而来，可只为购买软件，何必郑重其事地派两个特使亲临呢？比尔·盖茨意识到事关重大，急忙取消了原定的同阿塔里公司董事长的约会，叫来鲍尔默，准备接见IBM公司的特使。

为了表明自己的诚意，他们脱下一向喜欢穿的圆领衫、牛仔裤和运动鞋，庄重地换上了笔挺的西装和锃（zèng）亮的皮鞋。

IBM公司的特使来到微软，对方的第一个做法便让人不可理解：他们要比尔·盖茨在谈判前先签署一个协议，保证不泄露谈判的任何内容，也不得向IBM公司的代表谈自己公司的任何机密，比如某些设计思想，因为这样可以避免以后发生纠纷。而且微软公司永远不得对IBM公司提出法律诉讼。

尽管比尔·盖茨觉得事情有点奇怪而且神秘，可还是不假思索地签上了自己的大名。因为他的法律知识告诉他，这样的协议好像根本没有什么意义。

随后，两位IBM特使又向比尔·盖茨提了一些奇怪的问题，大概地了解了微软公司生产些什么软件，家用计算机的哪些功能最重要等情况，很快就结束了这次访问。

临别时，IBM公司的特使告诉比尔·盖茨说："别给我

们打电话，我们会给你们打电话的。"同时特使还表示："这是我们公司所做的最不寻常的一件事。"

两位IBM公司特使离去后，比尔·盖茨仍然摸不着头绪，莫名其妙的他有一种预感：一定有什么大事就要来了。

在计算机世界里，IBM是不容置疑的领袖，年营业额达280亿美元，这家受人尊敬的大公司还有个外号叫"蓝色巨人"。因为它数以千计的经理都穿着统一的蓝色服装。为了开发微型计算机，IBM公司投入了很大的财力和人力，专门组成了一个委员会来负责这件事，并且拟定了一个计划叫做"象棋计划"。

"象棋计划"委员会在研究市场上流行的计算机时，发现微软公司的技术得到了广泛的承认，更让他们惊奇的是，微软公司自创立之日起，产品销售额每年都要翻一番，这给"象棋计划"委员会成员留下了深刻印象。于是，他们决定访问微软公司，让微软公司为其即将推出的微型计算机制作软件。

8月的一天，比尔·盖茨又突然接到IBM公司打来的电话，提出再安排一次会见。

"下个星期怎么样？"比尔·盖茨问。

"不，我们在两个小时内就会乘飞机到。"这真使比尔·盖茨有点为难，因为他原本计划马上要会见一位计算机大亨。但是为了与IBM接洽，他还是毫不犹豫地立即取消了与大亨的约会，因为即使是大亨，在"蓝色巨人"面前也变成了"矮人"。

会见一开始，IBM的代表就拿出一份协议，要求比

尔·盖茨等人签字。协议内容和上次的差不多，要求这次会谈的内容绝对保密，微软公司将来永远不能对IBM公司提出法律诉讼。比尔·盖茨又毫不犹豫地签了字。

IBM公司代表向他们透露了"象棋计划"的内容，IBM公司想知道，如何使迅速推出的微型计算机能够运行现在流行的软件。如果IBM公司提交一份计算机的规格书，微软公司能否为其制造软件。

IBM代表团负责人把目光投向比尔·盖茨，问道："总裁先生，如果我们公司向贵公司提供一项8位计算机规格书，贵公司能否为它的只读存储器编写BASIC语言？而且在1981年4月前完成？"

比尔·盖茨轻松地脱口而出："毫无问题。"他顿了一下，又说："不过，我有一个建议，请贵公司考虑。贵公司决定使用8080芯片是个欠妥的考虑，因为现在市场虽然属于8位计算机，但正在逐渐被使用8086芯片的16位计算机所取代。"

8086芯片是英特尔公司1978年4月继8080芯片之后，专为制造微型计算机推出的产品，它的存储和调用容量高达100万个字节，而8080只有6.4万个。就计算速度来说，8080是无法与8086相比的。所以，8086芯片对用户有多大的吸引力自然是不言而喻的。

"因此我个人认为，贵公司既然打算以商用市场为发展个人计算机的目标，就必须使用新一代的8086芯片，这样才能在一开始就站在发展的潮头上。"

比尔·盖茨说完，IBM公司的代表决定将他的意见写进他们的报告中。他们又要求比尔·盖茨提出一个能使用微软

公司开发语言的计算机的设计蓝图。

就这样，这次会谈宣告结束。

不久，IBM公司第三次派代表来到微软公司。他们告诉比尔·盖茨，IBM公司最高领导层同意比尔·盖茨的建议，决定采用英特尔公司的8086芯片，并要求微软公司提供他们的BASIC、FORTRAN、COBOL语言，但首先要在1981年4月前编写出BASIC语言。

比尔·盖茨一听，顿感为难和失望。因为微软公司生产的各版本FORTRAN、COBOL语言，都必须依靠几乎已经成为市场实际标准的CP/M操作系统。而开发CP/M操作系统的数字研究公司目前正在开发适合于8086芯片的CP/M-86版本。因为这个系统的开发者不是微软公司，而是加利福尼亚州的数字研究公司，所以，比尔·盖茨只好向IBM公司的代表说明，这个系统的所有权不在微软公司，而在数字研究公司。

随后，比尔·盖茨又说："我熟悉数字研究公司的老板基尔代尔教授。我可以把你们介绍给他，希望你们能合作愉快。"

比尔·盖茨知道这样做对他意味着失去了大概是创业以来的最大一笔生意，然而他仍希望数字研究公司能得到这个应得的机会。他知道在与IBM这样声誉卓著的大公司打交道的过程中，高尚的商业品行是至关重要的，他不能为了一己之利就失去方向。

基尔代尔教授与比尔·盖茨早就相识，他既是比尔·盖茨可敬的朋友，又是竞争对手。他智慧超群，但更像是位学者，对办实业不像比尔·盖茨那么投入。起初，这位教授在计算机软件方面做了很多工作，他编写的CP/M程序非常成

功。后来，在妻子的鼓励下组建了一个公司，专门出售CP/M程序，把公司定名为数字研究公司。

然而，历史注定了这个机会最终仍然落在比尔·盖茨身上，对IBM公司的使者，数字研究公司的人没有表现出应有的热情。基尔代尔教授当时出差在外，接待IBM公司代表的是他的妻子，也是公司的职员。她首先不愿在会谈开始前的协议上签字。

这个神秘举动让他们十分怀疑来访者的动机，以为这样必定使数字研究公司吃亏。IBM公司代表解释，这个保守协议不过是一种官样文章，防止与IBM进行技术内容谈判的公司控告IBM剽窃。无论IBM公司的代表如何解释，都无法消除他们的怀疑。

IBM公司的代表对他们的不信任非常不满，只好拂袖而去。基尔代尔出差回来说，签署这样一份协议，是没有问题的。但是数字研究公司正在与惠普公司谈判，冷落了IBM公司。而基尔代尔除了同惠普的谈判，考虑最多的是同夫人一起去海边度假。

就这样，IBM公司的代表对数字研究公司的拖延不决颇为不满。最后，他们等得不耐烦了，便又回头去找比尔·盖茨。

◎MS—DOS：Microsoft Disk Operating System的简称，意即由美国微软公司提供的DOS操作系统。

IBM公司除了购买BASIC等软件，还要求微软开发新的软件，取代CP/M来满足IBM公司的需要。这一刻，意味着名噪一时的CP/M开始一落千丈，而由IBM支持的微软公司即将

推出的MS—DOS将成为炙手可热的追捧对象。

比尔·盖茨见自己抛出去的大好机遇又回来了，心想这是上天赐予他独享的机遇，决定抓住不放，全力一搏。他知道IBM公司最需要的是一个先进的操作系统，微软得想办法自行开发一个替代CP/M的操作系统，来满足IBM公司的需要。

于是，他打电话告诉IBM公司软件部负责人，说他手里有对方感兴趣的东西，而对方却要他提出一份可行性报告。

比尔手里究竟有什么东西呢？

这时比尔知道西雅图有一家计算机产品公司，主要出售电脑主机板，那里就有一个SCP—DOS，是为8086微处理器开发的16位操作系统，可以代替CP/M。他知道，只要对SCP—DOS这个操作系统稍稍加以修改，就可以达到IBM公司提出的要求。

1980年10月，比尔让保罗出面，花了10万美元，从开发者帕特森手里买下了SCP—DOS这个软件的使用许可权。有了这个软件作为基础，微软公司为IBM公司设计软件就可以节约一年的时间。

同月，比尔、保罗和鲍尔默去佛罗里达州的博卡拉顿，向IBM公司提交报告。在飞机上，他们还对报告反复做了检查。

在迈阿密下飞机后，比尔忽然发现匆忙之中他居然忘记打领带了。这是一个不可轻视的细节。没办法，他只好在驱车去博卡拉顿时，到路边的商店买了一条领带系上。

在IBM公司的会议室里，他们同对方的14名技术人员谈了整整一天。比尔回答了对方提出的数十个问题。最后，有人问他："像你这样的人你们公司有几个？"

比尔回答："可以说，我们公司的每个人都这样。"他又补充说："我是我们公司里学历最低的，只上过一年大学。"尽管比尔觉得自己表现得非常不错，可能否与对方签订合同，最终还取决于IBM公司的高层决策者。

幸运的是，IBM公司新任董事长约翰·奥佩尔曾同比尔的母亲玛丽一起做过联合道路公司董事会的董事，对玛丽的品性和人格印象颇深。当他得知微软公司的老板是玛丽的儿子时，认为比尔的人品是可以信赖的，便同意与微软公司签订合同。

1980年11月6日，微软公司与IBM公司共同研制个人计算机的合同正式签订。比尔感到了强大的压力。对于能否在规定的期限里完成这项工作，他心里一点底都没有。他只想冒险一试，像过去玩牌一样为自己下一个赌注。不同的是，这个赌注改写了他的人生。

赌注背后的
✳ 商业机遇 ✳

合同中IBM公司规定研制期限为一年，而且要求严格保守机密，因为这涉及重要的商业利益。同时公司为这项软件开发制定了非常严格的保密标准，比尔·盖茨和他的同事们住进了西雅图国家银行大厦8楼的一间微软公司办公室，它位于走廊的尽头，长9英尺，宽6英尺。他们的隔壁是一家证券经纪公司。为了防止泄密，IBM公司对他们进行封闭式管

理、不准随便开门，一切有关"象棋计划"的资料文件都不得带出房间。IBM公司还为他们安装了一种专门的保险箱，还要求在天花板上装铁丝网，以防有人从屋顶上进入房间。但这个过分的要求遭到了拒绝。房间里没有窗户，也没有空调设备，夏天室内气温高达38℃。IBM公司的人还要求不准开门，并且多次进行安全检查。据说有一次微软公司的人正在开门通风，被检查人员发现，立刻受到了警告。微软公司的人虽然极不习惯这种管理，但知道商战无情，泄密就等于自杀，也只好遵命。

按照合同规定，这些软件的开发必须在1981年3月底完成。他们雇请了蒂姆·帕特森来协助设计操作系统，比尔·盖茨则负责改进原来为阿尔塔计算机设计的BASIC语言，使它能用于IBM公司的个人计算机。他们要解决的首要问题就是按IBM的要求，将QDOS使用的8英寸磁盘改为使用5.25英寸磁盘，这牵涉到数字记录状态的变更。蒂姆·帕特森很长时间都不知道微软公司是在为谁研制这些软件。有一天，他接到IBM公司打来的电话，询问有关QDOS的情况。他觉得奇怪，问对方是谁，对方马上意识到不对，便支支吾吾地搪塞一下，匆忙挂了电话。

为了同IBM公司加强联络，在相距4000英里的西雅图和博卡拉顿之间，除了邮件往返不断，还建立了一条"热线"，也就是一个电子通信系统。比尔·盖茨也不时出差去博卡拉顿。这些特殊的日子里，在飞机上睡觉成了他的习惯，这样，他人一到目的地就可以马上精力充沛地投入工作。偶尔他可以一天之内飞一个来回，行程达8000英里。

开发工作的困难有的可以预计，有的则难以预料。

微软公司在感恩节的周末才收到IBM送来的一台样机。鲍勃·奥里尔负责对原QDOS加工，将它转变成IBM个人计算机要求的专业软件。但最初IBM计算机的规格只有一个雏形，并没有规定全部细节，为了在IBM要求的期限内完成这个软件的开发，鲍勃只好冒险一试。收到样机以后，他就同迈克·科特尼开始在那间闷热难熬的小屋子里紧张工作。他们使用了两种计算机，这些机器散发的热量不仅使屋子里的温度又上升了好几度，而且更严重的是引起了计算机本身工作的不稳定。出错之后，他们花了好几个小时在软件上寻找原因，终于搞清楚错误来源于计算机。

1981年1月5日，鲍勃·奥里尔终于决定给IBM的卢·弗拉申斯基写信，说明这个问题。他写道："……几个星期以来，微软公司的人勤奋工作，在你们送来的个人计算机样机上安装86-DOS。刚开始时，硬件运行是正常的，令人满意。但是不久之后就不稳定了。IBM公司的工程师认为问题出在样机上。可能是由于计算机工作时产生热量，使一些地方发生了接触不良的现象……为了在计算机上安装合适的操作系统，我们有时不得不花好多天时间来查明问题是出在硬件上还是软件上。我们就这样浪费了许多时日。虽然如此，我们还是有可能在1月12日前完成预定的QDOS和BASIC-86的开发。不过，我们再也不能浪费时间了……"

后来，微软公司的程序编制员尼尔·孔森也参加了鲍勃他们的工作，小小的房间里又增加了一台计算机，气温有时达到40℃，计算机的工作可靠性也进一步下降，他们只好违

背保密禁令，终日房门大开。但他们仍然害怕IBM公司的视察员前来突袭，就建立了一个很有意思的"警报系统"——只要有雇员发现IBM的人一来，就立刻向他们报警。不过，这个系统偶尔也有失灵的时候。有一次，IBM的一个视察人员悄悄来到公司，没有被人发现。他直接闯入鲍勃他们的工作室，见大门敞开，一些计算机零件甚至放在室外，就马上要求公司对此作出解释。微软公司受到了很大的压力，从此以后，保密规定执行得更加严厉，IBM也加强了检查系统。微软公司雇员们的日子更加难过了，他们几乎没有任何喘气的机会。

到了1981年2月，微软公司的MS—DOS终于能在样机上正常运行了，但鲍勃发现计算机运行的速度比预期的要慢，"并不比苹果二号机快"。他又给IBM的帕特·哈灵顿写信说："我们不能肯定，这台样机的速度是否是最快的最后版本。我们担忧的是《个人电脑》杂志对样机的首次评价，可能就会根据目前这一台样机做出。如果我们没有超过8位处理器的速度，我们的产品给人的第一印象就不会是好的。"不久之后鲍勃就得到了IBM公司的回信。信中称："……你信中提出的问题现在已经得到解决。……你对计算机样机运行情况的担忧，得到了我们的一致肯定。IBM的工程技术人员已经告诉我，最后推出的产品将对其所有的缺点进行改进……"

还有一个硬件问题也使开发工作不能如期完成，IBM样机的基本输入和输出系统(BIOS)不能把数据输入64K以上的位置，否则就死机。直到4月，鲍勃才发现这个问题，IBM马上派工程师去西雅图解决，但这样已经使微软公司减少了整整两个月的宝贵时间。另外，IBM应当提供的游戏杆控制卡直到2月才送到，BASIC的开发进度也受到影响。3月初，IBM的代表同微软公司会谈，讨论如何提前软件的交货日期。他们提出了一个新的日程表，微软公司同意了这个日程安排，但强调如果IBM公司提供的硬件不可靠，他们也难以按日程安排交货。

微软公司其他人员的任务便是对PASCAL、COBOL、FORTRAN等语言进行转换。整体来说，这是一项麻烦无比的工作，而要求完成的时间又实在有限。在签订合

◎Pascal：一种高阶的程序设计语言，由瑞士苏黎世联邦理工学院的尼古拉斯·沃斯教授于1960年末期设计，ISO对Pascal进行修改以后，形成了标准Pascal语言。

同之前，比尔·盖茨他们就怀疑能否在规定的期限里完成这项工作，但三思之后，仍然决定冒险一试。他和公司的全体人员自始至终承受着来自IBM公司的强大压力。比尔·盖茨和他的伙伴们多年以来已经经历了不只一次抢时间加班加点的工作，而这一次他们面临的是一项具有历史性转折意义的挑战，不能不慎重对待。微软公司的这伙人似乎从地球上消失了，不仅取消了冬天去滑雪的传统爱好，就连去佛罗里达州肯尼迪角参观史无前例的航天飞机发射这样诱人的事情，也差点成为泡影。最后，比尔·盖茨禁不住一些人的好说歹说，只好答应，如果他们能提前完成一部分工作，就可以去肯尼迪角。于是，大家加班加点、夜以继日地忙碌了5天，

终于获准去看航天飞机发射。比尔·盖茨和保罗也在公司同事的力劝下一道前往。

在同IBM公司的合作中，比尔和他的微软公司也学到了很多东西。IBM的工作方法对微软公司采用的标准产生了重大影响，微软公司的软件要经受IBM用非常先进的方法进行严格测试，比尔·盖茨甚至认为这种测试近乎残酷。为了考验软件的质量，他们把软件送给许多特定的用户使用，以便能找出隐藏得很深的错误。这往往需要好几年的时间。微软公司注意到了这个要求，便逐渐改善了公司产品的质量检测、计划编制及安全措施等系统的一系列做法。结果，微软公司的任务如期完成。IBM公司的"象棋计划"也获得成功。

1981年7月，微软公司得到正式通知，IBM公司不久将发布新一代个人计算机诞生的消息。公司全体人员欣喜若狂，人们拥抱、握手、立即到西雅图一家豪华酒店去庆祝这一盛事。但他们也知道自己的操作系统还需要改进，他们还没有取得最后的胜利。根据比尔·盖茨的建议，IBM设计组设计制造的第一台个人计算机使用16位微处理芯片8086，这是一个非同小可的跃进，使个人计算机从玩具水平提高到了作为商业工具的应用水平。

IBM公司还采用了比尔·盖茨提出的另一个明智构思——采用开放式设计，让其他公司可以仿制，从而建立起一个新的个人计算机标准。他曾说，假如人们知道一个操作系统的技术细节，就很容易为这个系统设计软件。这样做就使为它开发软件变得十分方便，不久便出现了数千种这样的软件。

　　比尔·盖茨为什么一反过去谴责盗版的态度，而主张公开软件的秘密呢？因为他看到，要阻止盗版的出现是何其困难。与其让自己的软件被别人无偿复制，最终成为一种事实标准，不如变被动为主动，先行公开自己的软件。这样，一般就不会再有人去设计另外的操作系统了。

　　微软公司开发的这个MS—DOS磁盘操作系统，IBM公司把它叫做PC—DOS，PC就是个人计算机(Personal Computer)MS的英语缩写。PC—DOS其实只是当时可供IBM公司选择的三个操作系统之一。微软公司当然希望能选用MS—DOS，为此，它不仅使MS—DOS在质量上比其他同类产品略胜一筹，而且帮助别的公司编写以MS—DOS为基础的软件，还做到让MS—DOS在价格上有最大的竞争力。微软公司以低廉的一次性费用，让IBM公司使用这个操作系统，结果微软公司仅以60美元出售这个系统，而以175美元出售其他两个系统。如他们所愿，MS—DOS自然销路大畅，购买者众多，微软公司的策略大获成功。比尔·盖茨说："我们的目的不是要直接从MS那里赚钱，而是要以出售MS—DOS的特许权来赚钱，有的计算机公司想要提供或多或少与个人计算机兼容的机器，我们就把MS—DOS的特许权出售给这些公司。IBM可以免费使用我们的软件，但是它对未来的升级版软件并不能享有独占使用权和控制权。"

　　这样，IBM公司便自然放弃了使用其他两个操作系统的升级版本。

　　比尔·盖茨对MS—DOS采用开放政策，并不担心被人无偿盗用，是有他更高明的考虑的，这一点前面已经谈到了。

在整个开发过程中，他最担心的并不是这样做有可能给他带来损失，而是另外一件无法预料的事情。

微软公司虽然同IBM公司签订了开发供新一代个人计算机使用的软件的协议，却并没有保证这些软件最终必定会得到使用，因为IBM公司总是同时开发许多项目，其中只有少数项目能够最后完成。个人计算机仅是IBM公司秘密研制的众多项目之一，也时有来自公司的消息说要取消这个项目。如果这样，微软公司就只能按合同的规定得到一笔为数不多的研究开发费，实际上就等于公司白白投入了大量的人力、物力和时间。更令人不解而且愤怒的是，有一期《信息世界》竟然发表文章，详细报道了IBM公司研制个人计算机的情况，其中也透露了将使用一种新的操作系统。比尔·盖茨无法理解IBM公司对保密要求如此严格，为什么该报道却能够对一切细节了如指掌。他越来越感到事情很不正常，甚至觉得IBM会不会怪罪于他，说是他泄露了机密。他打电话去报纸编辑部质问消息来源，得到的答复却是无可奉告。

比尔·盖茨担心的第二件事情是购买西雅图计算机公司的SCP—DOS软件问题。这是一次版权的不完全转让，因为按保罗·艾伦和帕特森签订的合同规定，西雅图计算机公司仍然保留着将这个软件转让给其他公司的权利。这始终是一个隐患。保罗·艾伦是这家公司的老熟人，于是，比尔·盖茨让保罗·艾伦给西雅图计算机公司的老板布洛克写信，说微软公司希望得到SCP—DOS的完全转让权，好全面对付数字研究公司。布洛克并没有觉得这件事情有什么不好，就答应签署协议。但是，当他看到微软公司的律师草拟的文本之后，

才知道是要求出售这个软件的专利权。当然，微软公司也允许西雅图计算机公司继续使用这个软件，而且今后还可以免费使用它的升级版本。但比尔·盖茨在文本上做了一个小小的改动，把原来要求唯一使用权改成了所有权；在布洛克看来，条件并无不利于他的地方，而且还对他非常有利，因为他实际上等于净赚一笔收入。他对他们那个SCP-DOS的前途本身就没有多大信心，再说他也并没有失去这个软件的使用权。他们当时并不知道微软公司为什么要这样做，当然更不知道微软公司是在同强大的IBM公司一起干一件惊天动地的大事。协议签署之后，比尔·盖茨得意万分，法律方面隐患的解除使他终于可以放心了。

"让我来建立
这个标准吧"

1981年8月12日，IBM公司在纽约宣布新型个人计算机问世，并展出了第一台样机。

不久，IBM公司的个人计算机开始在商店里正式出售，成为抢手货。订单像雪片一样飞向IBM公司，尽管工厂生产规模不断扩大，仍不能满足市场的需求。而势力雄厚的惠普、数字设备、德州仪器、施乐等公司，都在计算机市场上纷纷落马，因为它们的机器在兼容性方面实在无法同IBM的相匹敌。

IBM公司一举成功，美国计算机市场的竞争进入了一个

新阶段。

由于IBM的个人计算机一炮打响，微软公司也名声大振，它的DOS也就成了举足轻重的软件。可微软公司也面临新的激烈竞争，因为IBM公司表明态度，欢迎外界的发展，并完全公开产业标准的规格，以便那些希望为个人计算机开发附加卡的公司有所依据。IBM公司还愿意同别人一起讨论软件的开发问题，也鼓励自己的员工利用业余时间开发软件。

为了加入这场竞争，微软公司又相继开发出MS-DOS、BA-SIC、FORTRAN、PASCAL语言，一个惊险游戏和一个打字程序。微软公司在MS-DOSI·O的基础上，开发出一种双面读写磁盘的新版本DOSI·1，使磁盘容量由原来单面的120K增加到320K。

这时，比尔才有理由说出他久藏心中的那句话："让我来建立这个标准吧。"

微软公司憋足了劲要大显身手，可别的公司也不甘落后，微处理公司首先成功地开发出一套编辑软件，名叫"文字之星"，接着可视公司开发出一种个人财务软件，名叫Visicalc，备受各种推销商和财务人员的推崇。

"文字之星"推出后，销售量巨大，为微处理公司赚来滚滚财源。它迅速占领市场，成为大多数办公用和个人用计算机的必备品。而一时间Visicalc也成了最走红的管理必备软件，尤其受到全世界经理人员的欢迎，个人计算机也因它而得到进一步的普及。

比尔清楚地看到，如果微软公司不能战胜"文字之星"

和Visicalc，那么自己的市场就会被抢夺。摆在微软公司面前的，就是尽快开发一种软件，不仅可以在CP/M操作系统、苹果操作系统上使用，而且应当在当时流行的一切操作系统上使用。而Visicalc只能在苹果机的操作系统上使用，可视公司随后又推出的super—calc，也只能在CP/M操作系统上使用。

比尔认为，要超越首先必须突破，这虽然困难，但不超越就会在竞争中败下阵来，就只有死路一条。他将开发和改进应用软件的重任压在了查尔斯·西蒙尼的肩上。

西蒙尼与比尔·盖茨一样，堪称电脑神童。由于对软件的开发有着共同的看法，与比尔·盖茨走到了一起。比尔·盖茨有一个希望：今后，要使应用软件对微软公司的贡献超过操作系统的。而西蒙尼正是他选择来实现这一愿望的人。西蒙尼很快就成为微软公司的核心成员之一，而且是极少数几个能使比尔·盖茨改变想法的人之一。

西蒙尼和比尔·盖茨相比，除了出身不同之外，他们有着许多相似之处。西蒙尼的经历简直就是"美国梦"的活样板。他到美国来的时候，几乎是身无分文，但最后却飞黄腾达、风光之至。

西蒙尼设计过许多软件，他将自己设计的第一件高水平软件卖给了祖国匈牙利。然而在匈牙利，计算机技术并不很发达，他学习编制软件使用的计算机是一台俄国制造的老式电子计算机，笨重无比，足有一座房子那样大。而这台名为"乌拉尔II型"的计算机，竟是匈牙利当时仅有的几台计算机之一。匈牙利落后的计算机技术和封闭的信息，使西蒙尼感到闷闷不乐，他决定到外面的世界去闯荡一番，一展才华。

　　1964年，在匈牙利首都布达佩斯举行了一次国家贸易洽谈会，西蒙尼将自己编制的一个示范程序送给了丹麦的丹尼西计算机公司贸易代表团，他希望这家公司能将这个程序带回丹麦，让那里的人们看一看。

　　丹尼西公司确实这样做了。人们一致认为，西蒙尼的程序相当不错。一些公司听说他还不到20岁，对他产生了浓厚的兴趣。通过一番联系，西蒙尼在西方谋到一份工作，他离开父母，背井离乡，毅然迈入西方计算机高科技的大门。那时他只有16岁。

　　他在丹麦工作了几年，积累了一些资金，便去美国加利福尼亚大学的伯克利分校就读。

　　1972年，他被美国施乐公司计算机研究中心PARC录用。公司离著名的斯坦福大学不远，西蒙尼一边工作，一边到该校攻读博士学位。他撰写的毕业论文是他发明的一种代码输入法。西蒙尼所在的PARC研究中心做出过不少引人注目的成绩，它设计的阿尔托计算机曾激发乔布斯开发出麦金托什，也激发了比尔·盖茨开发视窗。这个研究中心与斯坦福大学合作，研究出一种新工具——鼠标。西蒙尼对鼠标非常熟悉，他研制的供施乐公司的阿尔托计算机使用的"字处理程序"，就是第一个使用鼠标的软件，他把这个软件叫做"WYSIWYG"，也就是"What you see is what you get"(所见即所得)这句话的首字母缩写。后来，这个设计为微软公司带来了很大的好处。

　　1980年，西蒙尼的一个朋友给了他一个名单，说假如他想另谋高就，可以按名单上列出的人名去联系。这份名单打头的人就是比尔·盖茨。西蒙尼首先选择了到微软公司任职。该年11月，他同比尔·盖茨和史蒂夫·鲍尔默见了面。

谈话只进行了5分钟，西蒙尼就下定决心到微软公司工作，虽然他出于礼貌，后来陆续也同名单上的其他人接触过，但他发现只有比尔·盖茨所持的观点卓尔不群。他预感到微软公司正在开发的软件必将对这个产业产生巨大的冲击，在那里，他将真正大有作为。

西蒙尼到微软公司后，还想把他的两个朋友拉过来，但是，那两个朋友都因为各种各样的原因拒绝了比尔·盖茨的邀请，尽管比尔·盖茨为他们提供的待遇相当诱人。西蒙尼为此大感失望，不无遗憾地说："我真不知道他们为什么就不懂得这是一个千载难逢的机会。"

微软公司成立了以西蒙尼为首的开发小组，这标志着对软件的开发工作正式启动，不久，他们完成了一种叫做"多计划"的软件设计并投入试生产。这个软件进入市场后，如果反应良好，不出现差错，则将正式被投入销售，西蒙尼在此推出了一种全新的软件使用方法。这就是一直沿用到今天的著名的"菜单"方式。

计算机的使用者都知道，为了开启软件的某一功能，必须输入一些指令，这当然是比较麻烦的事情，为此，你必须熟记许多指令，而且在输入的时候不能打错一个字母，如果没有专业方面的训练，用这种传统的命令方式使用计算机，实在不是件方便的事情。你在屏幕上看不见所有你需要的指令，这些指令在执行的过程中是否正常，也难以直观地显现出来。在计算机行话中，这就叫做"界面不友好"。

西蒙尼的"菜单"完全改变了这种常常令人困惑的局面。他用一个形象的比喻来说明"菜单"的来由和意义。他说："我喜欢举餐厅的例子来说明什么是菜单。假如我到一家法国餐厅吃饭，但我不会说法语，对四周的环境也十分陌生，心里忐忑不安，害怕出洋相，非常紧张。这时来了一位女招待，用法语向我打招呼，我会突然感到两手冰凉。可能，一名会计坐到计算机面前的时候，就会产生这样的感觉……怎么办？这时，假如有人给我一份菜单，那就好了。我可以指着菜单点菜。这不会有错，即使我点的不是我想要的东西，也许我最后一道菜点的是蜗牛，也不至于使我尴尬。但是，设想一下，假如你进了一家法国餐厅，那里却没有菜单供你点菜，你得用法语告诉女招待你想要什么，那就麻烦了。在计算机的程序方面，情形也是一样的。你必须要有一份菜单。菜单是友好的，因为使用者知道他要选择什么，只要用鼠标在那个位置上点一下，就能选出他所需要的东西……他不必乱发命令。如果乱发命令，就可能出错。"

有记者在杂志上对西蒙尼的菜单揶揄有加，说："也许还有其他的可能性。例如你可以说'这里有我们的三种风味菜'。如果你要看更多的，那就只好问你的女招待了。"

但是西蒙尼对此并不在乎。他开发的多计划菜单出现在屏幕下部，各种指令用简明易懂的文字表示。如果你用鼠标选中打印这个功能，软件就马上打开一个次级菜单，提供更详尽的项目，让你更进一步做选择。如果你打算放弃这次操作，只须按ESC键，屏幕就可以回到此前的状态。多计划菜单软件还有其他一些颇具特色的功能。

1982年春，微软公司把这套软件交给了IBM公司。但是，IBM并没有重视这个软件，它仍然继续大力推广MS-DOS版的Visicalc。8月，微软公司将这套供苹果机使用的多计划软件的第一版推出，过了不久，又发行了CP/M版。比尔·盖茨宣布，任何人只要会使用计算机，就能够使用这套多计划软件。人们从他的话中已经听得出，他是在宣布现行的Visicalc和Supercalc即将被逐出市场。

到了1982年10月，供IBM公司计算机使用的多计划软件才迟迟问世。它终于受到了新闻媒体的高度评价。《软件评论》杂志把它评为同类产品中的最佳选择，说它易学易用、功能强大。该杂志还说，"多计划软件似乎是专为取代Visicalc软件的位置，为独领市场风骚而设计的"，说它"拥有全部必需的性能"。《世界信息》周刊将这个软件列为"年度最佳软件"。

封面背后的
领军力量

1981年，微机的生产和应用有了巨大发展，它从业余爱好者的家中走向了成千上万的办公室。人们不仅仅满足于用电脑来做游戏，更希望利用它来处理更多的事务，解决更多的问题，赚取更多的利润，使工作变得简便、快捷。美国人乃至许多发达国家的人们都越来越感觉到他们在不知不觉中已经面对着一个信息时代，对这一局面不闻不问、置身其外

的态度已不可取也不可能。

喜欢事事搞民意调查的美国新闻界对此自然不会视若无睹，他们发出问卷，了解人们是否希望在不久的将来拥有一台家用计算机，结果是80%的人有这个愿望。当时有人作了一个大胆的预言，说到20世纪末，全世界个人计算机的拥有量将达到8000万台。当然，这位大胆的预言家对形势的估计显然还是太保守了。到1991年，仅微软公司生产的DOS，就已经有8000万套在IBM的个人计算机上使用，还有不知其他多少品牌的计算机在全世界运作，而且这个数量还在迅速增加。

美国《时代》周刊的一页封面，对微机的普及与应用更是起了推波助澜的作用。

具有55年历史的老资格新闻周刊《时代》每年都要评选出一位新闻人物，并在次年元月的封面上刊登出来。这一传统已持续了几十年。每年评出的新闻人物不是风光一时的政界要人，就是卓有建树的科学巨匠。无论是谁，几乎都是众望所归，很少有人提出异议。这一做法反映了世界上变化万千的时代风云的动向。

那么，1982年《时代》周刊评出的"新闻人物"究竟是谁呢？让所有人诧异的是，千千万万的读者拿到该杂志后，看见的不是某一位杰出人物，而是一台微型电子计算机！

《时代》以一台机器作为它当年评出的新闻人物，可谓别具匠心。

杂志的主编奥托·弗雷德里奇先生对这位"封面人物"作了别出心裁而又热情洋溢的介绍："在整整一年的新闻中间……最有意义和最吸引人的话题，并非一个单独事件，而

是代表了一个发展进程，一个不断发展并且被广泛接受的、备受欢迎的进程。同时，这个进程还影响到其他各个领域，它创造了一个新的历史。所以，《时代》在当今风云激荡的世界中选择了这样一位新闻人物。当然，它并不是一位什么人物，而是一台机器，一台个人计算机。"

奥托在文章中也提到电脑发展中不无遗憾的一些事实，其中最主要的一点是软件的缺乏。计算机用户数量的疯涨，对软件的需求自然大为迫切。用户需要更多更好的软件，以适应各种不同的环境和要求。没有软件，计算机只是一个摆设；软件不丰富，计算机也无法发挥它的威力。由于软件开发的滞后，计算机的使用范围受到很大的限制，人们购买计算机的热情自然也就被局限了。计算机，只有当它具有更多的功能，具有更强大的用途时，才能拥有更多的消费者。

《时代》的评选和奥托的文章，一方面大大地宣扬了微机的功能，使更多的美国人对它产生兴趣并跃跃欲试地想要使用这一伟大的成果；另一方面，也尖锐地指出了微机普及所面临的最紧迫任务：开发软件。

软件的缺乏和计算机热之间的矛盾自然引起比尔·盖茨这个电脑奇才的极大关注。他在一次接受采访时说："我们没有对软件的标准和质量进行严格的管理和控制。我曾买到过根本不能用的软件……尽管现在有许多软件出现，但大多令人悲哀。"

他还强调说："两年之后，我们要推出在各方面能真正满足消费者需要的软件。现在的软件太糟糕，太难使用，而且缺少更多的性能。不过，这一切正在得到改善。"

1982年，比尔·盖茨27岁，他在软件开发方面取得的成就已经令美国人瞩目。这一年，美国有名的《金钱》杂志用了他的照片做封面。

比尔·盖茨的秘书卢堡看见之后高兴极了，她把这一期杂志发给微软公司的每一位雇员，对比尔·盖茨说："他们给你拍的照片太好了，我真喜欢！"

比尔·盖茨说："你认为是这样吗？可我看起来太年轻了。"

卢堡说："你本来就年轻嘛，不过才27岁！"

比尔·盖茨的长相略显青涩，看上去比他的实际年龄还要小，为此他也曾遇到过一些小小的麻烦。

有一次，他同包括卢堡在内的几个雇员去餐馆吃饭。比尔·盖茨要了一杯啤酒，女招待却怀疑他不满20岁，没有达到法定饮酒年龄，要他出示身份证。这成为大家以后谈笑的一个话题。

反击下的
✸ "金泡沫软件奖" ✸

西蒙尼为多计划软件立下了汗马功劳，成了微软公司的大功臣。可是才几个月的时间，连比尔·盖茨也没有料到，一种新的软件很快取代了多计划软件的主导地位。

这是在一次计算机展览会上、当西蒙尼看到莲花公司推出的莲花1-2-3软件时，吃了一惊。

西蒙尼对比尔·盖茨说："比尔，我们遇到麻烦了。"

比尔·盖茨也在心底为莲花1-2-3叫好，可是他还是不相信多计划软件竞争不过它。

"西蒙尼，你觉得多计划软件超不过莲花1-2-3吗？"

"当然可以。但是，我们的软件是为了满足IBM公司的要求而编制的，这难免要受到限制。我们只有在这个基础上，再增加一些新的功能，来个扩大版，以此吸引顾客。"

经过努力，西蒙尼的扩大版终于问世，它具备了教学程序，使用者可以利用这个程序学习如何使用。即使是这样，多计划软件还是赶不上莲花1-2-3的销售量。

1983年元月，莲花1-2-3软件独霸市场，到80年代末，它已经累计销售500万套，创下了一个难以突破的纪录。

这次失败给微软造成的损失是巨大的，致使微软的软件曾一度退出市场。

比尔·盖茨感到在软件设计这个领域，真是藏龙卧虎，稍有不慎就会被取而代之。

经过反复思考，比尔认为既然在短时间不能开发出新的软件抢回市场，多计划软件应该暂时避开美国市场，向世界进军，开辟新的更加广阔的市场。他把进军世界的第一站选在了欧洲，并很快成功地打开了局面。有了欧洲市场的支持，比尔·盖茨又回过头抢夺美国市场。

比尔·盖茨首先是对微处理公司的"文字之星"进行反击。

同年4月，在亚特兰大展示会上，微软公司展出了为IBM设计的第二套软件：字处理软件。所谓字处理软件，就是专门用于处理文字的软件，它可以对输入计算机的文字材料进行修改、编辑、存储，大大减轻文字工作者的劳动，节约时间，提高效率。

微软的这套字处理软件主要是针对微处理公司的"文字之星"。

我们知道，"文字之星"是微处理公司1979年开发的，到1982年已售出100万套之多，但这个软件严重的缺点是操作太复杂，微软公司向"文字之星"软件的使用者收集了各种意见，经过仔细考虑之后，确定了自己产品的特点。它的优点正好弥补了"文字之星"的缺点。微软用高级C语言来编写这套软件，在屏幕上分窗口，在每个窗口里同时显示不同的文件，这套软件还设置了一个"废纸篓"，专门存放删除的材料，如果使用者要重新使用这些材料，就可以很方便地从废纸篓中拣回来。这套软件还可以在屏幕上显示各种字体、画线、指示特殊符号，它最引人注意的地方，是使用鼠标来操作，使用者只需轻轻移动桌面上的鼠标，让屏幕上做相应移动的箭头指向菜单中需要执行的命令处，轻轻一按鼠标上的按钮，命令就被执行了。这些优点正好弥补了"文字之星"的缺点。比尔·盖茨还在这个软件中加入了激光打印机的驱动程序。

一开始微软公司把这套软件命名为"多用工具字处理"软件，后来有人建议公司产品统统使用"微软"二字作为名称，这样既可以简化和统一公司软件的命名，也有助于树立

公司的品牌形象，扩大公司的影响。比尔·盖茨采纳了这一建议。

于是，微软公司开发的"多计划"软件就更名为"微软计划"，"多文件"软件更名为"微软文件"、这个"多用工具字处理"软件也被改成了"微软字处理"。

"微软字处理"一经问世，立刻得到许多用户的喜爱和支持。

尽管这样，"微软字处理"在1984年畅销软件排行榜上还是没能进入前10名，名列前茅的依然是"文字之星"。

比尔·盖茨决定对"微软字处理"再做改进，不压过"文字之星"他决不罢休。

1985年初，对"微软字处理"做出较大改进的2.0版面世。它能驱动惠普公司的喷墨打印机，却仍没有解决前两个版本中存在的问题。这时，虽然"微软字处理"还没有压过"文字之星"，却已经安稳地在市场上占据了一席之地。

经过激烈的比拼，"微软字处理"终于逐渐占了上风，在市场上牢牢地站稳了脚跟。在与微处理公司的比拼中占据优势之后，雄心勃勃的比尔·盖茨又把目光投向了莲花公司。

对于与莲花公司的较量，比尔·盖茨极为慎重。

早在1981年9月，比尔·盖茨就决定开发一个软件，一举摧毁莲花1-2-3的致命威胁。没想到在"开战"前，保罗因患癌症离开了微软。比尔·盖茨只好多次亲自参与实施开发软件。他参与实施开发的这个软件，最后定名为视窗。

所谓视窗，就是把MS-DOS复杂繁琐的以字符为基础的操作，改为简明的以直观的图形界面为基础的操作。

比尔·盖茨打算在MS-DOS和各应用软件之间增加一个记录有显示器和打印机型号的接口管理软件，各应用软件就可以不必直接同操作系统打交道，而只需在接口管理软件设置显示器和打印机。所有的应用软件都在统一的接口下运行，这样使用者将感到非常方便省事。这不仅是他一个人的构想，也是其他许多公司梦寐以求的目标。

可惜无数人在经过多年的试验研究之后，都一无所获。比尔·盖茨知道，要使微软在软件市场上技压群雄，立于不败之地，必须在这个构想上有所突破。他对这个软件的编制人员提出了一些具体的要求，其中包括必须使用图像模式、下拉式菜单及对话框、屏幕上所见即打印出所得等等。

这个软件后来被定名为"微软视窗"。

1983年1月，在一次个人计算机会议上，比尔·盖茨向与会者暗示了微软公司正在开发这种软件。

然而，尽管微软公司的研究人员全力苦干，这项艰巨的创新工作仍然进展甚微。这并非是微软公司的研究人员无能，而是因为开发新的视窗软件实在太难了。

当时的个人计算机的内存只有256K，而视窗需要的内存却远远大于这个数字。而在这个时期，其他许多公司也都产生了同微软公司一样的构想，正在加紧开发类似的软件。

10月的一天，鲍尔默闯进了比尔·盖茨的办公室，一脸沮丧，说："糟透了！比尔，我们遇到麻烦了。"

比尔·盖茨放下手里的一份文件，心里一沉，没吭声。

鲍尔默接着说："我得到一些信息，有一家公司昨天突然宣布开发的一种类似视窗的软件已经投放市场，最初的3

万套订货正陆续送到用户手中。"他把双手按在桌子上，又说："另外还有一家新的软件公司也在最近推出了一种名叫DESQ的软件，其功能形式也与视窗相似。"他加重了语气："你知道的，在此前，市场上已经有一个视窗类的软件Wision在广泛流行了。所以，我担心，我们的视窗就算搞出来，也可能达不到预期的效果。"

比尔·盖茨一边踱着步，一边慢慢地说："视窗非搞出来不可。不要管别人怎么张扬，我们要照干不误。"

鲍尔默说："可我们已经竭尽全力，正在拼命干!"

比尔·盖茨又慢慢坐回到椅子上，像往常一样轻轻摇晃着，思索着："史蒂夫，我看我们有必要铤（tǐng）而走险了。是的，我们也来一个虚张声势!"

"你想怎么干?"

"开个新闻发布会，宣布视窗年底推出。"

"你真的有把握吗?"

"我们也不是第一次冒险了。"比尔·盖茨似乎很有信心。

11月10日，微软公司在纽约举行了一次盛大的新闻发布会，宣布"包容DOS的图形接口"微软视窗将在年底推出，而且断言：一年之后，9%以上使用MS—DOS的计算机都能够使用视窗。比尔·盖茨的这一举动着实让所有的竞争对手吃了一惊。

在新闻发布会后，微软的"微软视窗"开始成为人们关注和期待的焦点。

然而，微软公司却一再失信：将视窗交货时间从1983年年底推迟到1984年第一季度；又从1984年的2月推迟到5月；

再从5月推迟到8月。比尔·盖茨更是急得坐立不安。视窗迟迟不能问世，他本人和公司的信誉已经受到了影响。

微软公司最终许诺的8月很快到了。可比尔·盖茨仍然拿不出他的视窗。好事的新闻记者纷纷来对他进行追踪质疑。于是，传媒给视窗取了个令人难堪的绰号——"泡沫软件"，以挖苦微软公司说大话，作出了一个没有结果的承诺。

比尔·盖茨并没有理会新闻界的聒（gō）噪，他静下心，沉住气，冷静地进行思考。他终于悟出了一个道理：行政管理是自己的弱项，必须寻求一位合适的总裁，才能有助于视窗的开发工作。于是，他决定辞去董事长之职，由刚进公司不久的琼·谢利出任第二任总裁。

琼·谢利很快就上任了，他对视窗开发工作的各个环节做了一次深入而且细致的调查，终于找到了问题的关键。原来，这项开发工作之所以进展迟缓，除了技术难关难以攻克之外，主要问题还在于管理和组织上的混乱无序。

等谢利把研制组的工作重新调整布置好以后，微软公司最后许诺的8月份也早已过去了。到了10月，微软公司只好再次出面宣布视窗软件的上市日期为1985年6月。

面对如此尴尬的处境，比尔·盖茨索性什么也不说了：反正新闻界什么难听的话都说了，那就由他们说个够吧。他要用成功的事实来挽回影响。

视窗软件的设计和程序调试人员已经增加到了30人。程序员们的工作几乎已达到疯狂的状态，他们全力以赴，不分白天黑夜地干。一位做测试工作的程序员甚至把睡袋搬进了实验室，整整一个月大门不出二门不迈地关在房间里。

有一天早晨，比尔·盖茨审核已经编完的软件时，突然发现了一处差错。他猛一拍桌子，跳起来大声喊："鲍尔默！鲍尔默在哪？"

"来了！来了！" 鲍尔默手里端着吃早餐的盘子一边应着声一边气喘吁吁地跑来见比尔·盖茨。他听出比尔·盖茨火山爆发般的怒气。

比尔·盖茨指着电脑，生气地说："你还吃得下饭吗？你认为这个软件已经完美无缺了吗！不！我告诉你，它出现了差错！我警告你，年底前完不成任务，交不出货，我们公司就要垮掉，你们也得卷铺盖滚蛋！"

鲍尔默从未见过比尔·盖茨发这么大的火，这一次他是真的急了。鲍尔默急忙放下早餐，去叫醒刚睡下的程序员们，说："比尔发火了，他发现了软件中的错误。我们必须再次进行检测，不能出任何差错，否则我们都会被他炒鱿鱼的。"

紧张而缜密的工作最终使视窗开发取得了杰出的成果，视窗小组的天才设计思想在这套软件中得到了完美的体现。人们事后对视窗软件开发的时间进行了统计，一共花去了11万个工时。

这一次，微软没有失信。在1985年5月的春季计算机展销会上，比尔·盖茨终于展出了他的视窗软件，向成千上万的用户演示了用鼠标和键盘打开或关闭"窗口"的效果。比尔·盖茨还当场宣布，视窗1．0版软件标价仅为95美元。

11月，视窗软件正式上市。

11月21日，微软公司举行了盛大的庆祝会，场面十分热

烈。许多曾挖苦讽刺过比尔·盖茨和微软公司的记者也应邀到场。有趣的是，那个称微软视窗为"泡沫软件"的《信息世界》杂志，向比尔·盖茨颁发了"金泡沫软件奖"。人们终于见识到了这位微软领袖的力量。

股市里升起的新星

比尔·盖茨开发的高科技个人计算机产品处于世界前列，这使得这些软件自然而然地流向世界各国。到1986年，微软公司大约超过二分之一的收入都来自于国外销售。微软公司的规模也因此有了空前的壮大，名气远扬世界。

"比尔·盖茨，我们赶快将微软股票上市吧。"微软总裁谢利开始不停地催促比尔·盖茨。

"为什么那么着急呀？"

"看一看苹果公司，多成功啊！1980年11月，苹果的股票第一次公开交易时，它的资产估价为18亿美元，甚至比福特汽车公司还多，带来的财富实在让人吃惊。从票面价格上来看，苹果总裁斯蒂夫·乔布斯突然间竟拥有了2.3亿美元的个人财产。难道你不羡慕吗？"

"这我知道。早在1983年，我们的两大软件竞争对手——莲花公司和阿森塔公司的股票就已经上市，并且获得极大成功。"比尔·盖茨对股市行情还是很了解的。

"那我们还等什么？"大卫·马奎特也说。

"微软公司利润比大约为34%，这就是说，股票不上市，将能更好地为公司保持利益。"

"但上市也有很大好处，可以在近期内获得一大笔资金，而且，对于持有股票的微软雇员来说，股票上市意味着可以获得更多的能立即兑现的财富。"

比尔·盖茨看着微软的几位核心成员为此争辩，便大方地说出了他的忧虑。他担心，一旦股票上市，随着财富的滚滚而来，将不可避免地造成人们精神涣散，影响员工的工作效率。他还担心，股票上市后因财富暴增，微软或许会走上许多公司的老路——人与人之间变得缺乏关怀，人际关系冷淡，进而失去现有的家庭般温暖的气氛。

尽管他顾虑重重，可敌不过形势的发展和人们的普遍要求。比尔·盖茨不得不采取屈从的态度。他一点头，微软公司的工作班子便立刻开始运作，推动股票上市。

微软公司决定，首先由公司财务负责人盖德特与中立银行家联系，从中挑选承销商。在寻求承销商的过程中，比尔·盖茨曾答应美国《财富》杂志，允许一名记者追踪报道微软公司股票上市的情况，而且还与这家杂志签订了合同。他们最终确定萨奇公司作为主要承销商，桑斯公司作为机构购买承销商。

到了1985年底，新闻传媒已开始发布微软公司的股票将于近期上市的消息。消息一传出，微软公司的股票立即成为世人关注的热点。

到1986年2月初，微软公司已印出近4万份的公告，分送给各个股票监督委员会的代表和代理商们。这份材料透露，在微软内部，经过多次的配股，公司创始人比尔·盖茨和保罗·艾伦占据了主要的股份：比尔为1100万股，保罗为640万股，他们各占全部股份的41%和28%。在首次上市时，比尔·盖茨准备卖出8万股，保罗·艾伦准备卖出20万股。而微软公司的其他核心人物，鲍尔默拥有170万股，谢利拥有40万股，西蒙尼为30万股，盖德特为19万股。此外，比尔·盖茨的父母也拥有21万股。

微软公司的上市公报一公布，比尔·盖茨就收到许多亲戚朋友的求购请求，可他只满足了十多个人，其中包括他的祖母和他的女管家，其他多数人都被他拒绝了，在这期间，他脑海里想得更多的不是股票，仍是软件。虽然他是一个商人，长期以来依靠软件为自己赢得了财富，但他更是一个计算机软件的工作者。他认为，必须首先让公司拥有更好的发展，而不应当被股票带来的财富迷失了方向。

他对众多亲友求购者说："我不想理睬这些请求，我恨这件事。我想卖的是软件，而不是股票。"

不管怎样，1986年3月13日上午，微软公司的股票在纽约股票交易所上市了。

第一天的开盘价为每股25.17美元，收盘价为29.25美元，共成交360万股。

比尔·盖茨的老朋友昆德伦在中间休盘时打电话给谢利，大声说："简直疯了！这样的场面我真是从未见过。每个到这里来的人都是为了购买微软股票，其他的股票竟无人问津了。"这种景象也使那些股票承销商们惊得目瞪口呆。

一周之后，微软每股的价格已经飞升到35.50美元。

比尔从出售股票中获取了160万美元，而他手上的股票已经价值3.5亿美元。

这时，比尔也改变了对股票上市的看法，他觉得有能力为微软股票再争一个最好的价位。他和他的伙伴们开始在各地区、各城市做巡回演讲。

1987年，微软公司的股票直冲上每股90.75美元的高位，而且还有继续往上攀升的趋势。10月，美国《福布斯》杂志将比尔·盖茨列入美国400名富翁的第29位。他当时的股票价值超过10亿美元。

拥有巨大财富的比尔和保罗都想到了他们的母校——西雅图湖滨中学，他们决定回报母校。

1986年8月的一天，比尔和保罗商量：为母校捐一笔钱，在那里修建一座科学和教学中心。

比尔说："中心要用我们的名字命名。"

保罗说："可是谁的名字排在前面呢？"

"我们抛硬币来决定，好吗？"

"好。看谁有运气。"

结果保罗的运气不错，这座中心被命名为"艾伦——盖茨大厦"。他们一共捐助了220万美元。

第四章

天才的魅力

❈ 终生的伙伴 ❈

正当微软公司春风得意、欣欣向荣的时候，他们的软件专家、公司的缔造者之一——保罗·艾伦，却因为癌症悄然离去了。

1982年的时候，保罗·艾伦就已经病得不轻。那时候、他和几位同事正在法国巴黎做商业旅行。有一天，他觉得自己发烧了，便不得不向伙伴们表示歉意，独自回到酒店。他对伙伴们说，他的病恐怕要比感冒之类严重得多。休息了好几天，病情都没有好转，无奈之下大家只好终止这次旅行。

后来保罗进行了几次诊断，结果表明，他患有某种癌变。为了活下去，他遵照医嘱停止了工作，安心进行化疗和休养。最终仍没有逃过死神的魔掌，新版的BASIC语言程序成了他离开微软公司之前的最后一件作品。

保罗·艾伦和比尔·盖茨都是电脑神童，也都是微软公司的创始人，但保罗·艾伦的性格却与比尔·盖茨迥然不同。保罗·艾伦的个性更为内向，他更愿意享受一些清闲的生活，特别是成功之后的愉悦。保罗·艾伦还是一个超级球迷，他从不放过一场西雅图超音速队的NBA比赛。比尔·盖茨也曾有过一些业余爱好，但从没有像保罗·艾伦这样能够自始至终地坚持下来。比尔·盖茨总是不断地追求事业上的发展，充满竞争的活力和奋进的勇气。他每天工作长达14小时，忙得不可开交，而保罗·艾伦倒宁愿去拨弄一下他喜爱的吉他，看看引人入胜的科幻小说。由于这种性格上的差

异，有人甚至传言保罗·艾伦同比尔·盖茨的关系并不那么
融洽，还说保罗·艾伦宁可通过电子信箱与比尔·盖茨讨
论问题，也不想去同他面对面地谈谈他们之间的分歧，保
罗·艾伦很长时间都没去过比尔·盖茨的办公室，有事总是
由鲍尔默代劳等等。

　　不过，对于这类说法，保罗·艾伦总是予以坚决否认。
他把这些猜测通通称之为胡说八道，对公司里的这些流言大
为愤怒，甚至觉得自己受到了伤害。即使在他发现癌症、接
受化疗期间，他也仍然在坚持工作，他以自己的实际行动向
大众说明一切。当然，那时候他已不可能全身心地投入工
作，病痛的折磨让他不能在工作上花费太多的时间和精力。

　　一开始，性格内向的保罗·艾伦认为这是自己的隐私，
并没有把他的病情告诉微软公司的朋友。人们完全不知道他
已患了癌症，这也或许正是引发误解的原因之一。

　　当然也不能说在工作上，保罗·艾伦与比尔·盖茨是
完全没有矛盾和分歧的，有时候他们也会在决策问题或技术
问题上发生争执。但无论是保罗·艾伦还是比尔·盖茨，都
从不把这种分歧和矛盾当回事。有了矛盾和分歧，才会有争
论和探索，才能取得事业的进步与发展。他们都认为这样的
不愉快无关紧要，重要的是辨清情况，让公司不至于走上歧
途，才是共同的利益所在。

　　逐渐地，病魔使保罗·艾伦不能再工作下去了，他不得
不离开公司。他自知来日不多，希望在离开艰苦的工作岗位
之后尽情去享受一下人生的乐趣。

　　保罗·艾伦终于离开了长达8年之久、每周40小时以

上、极少有节假日的工作生涯，与朋友、亲属一道周游了整个欧洲大陆，在此期间他的癌症竟然又奇迹般地有所好转，没有复发。当保罗·艾伦的父亲意外去世之后，他静静地陪伴着母亲安度晚年。

虽然保罗·艾伦不再是微软公司的副总裁，但他仍然是董事会的成员之一。微软公司的这位软件开发大师，就这样默默地退出了他的工作舞台。

❋独特的微软作风❋

在微软人的心目中，比尔·盖茨没有大公司总裁常有的威严和高高在上的作风。当然他也有发脾气的时候，有时甚至还十分严厉，但他只是对事不对人，决不会因别人冒犯他而怀恨在心。他不喜欢人人都当应声虫，喜欢敢于直抒己见的人，有时甚至会假装反对某人的意见，以试探对方是否真的对自己的意见有把握，并且不惜因此冒犯自己。他希望公司里可以有异样的声音出现。

比尔·盖茨对下属在工作上的要求是极其严格的，这与他从小对自己的约束是分不开的。他对鲍尔默就是如此。同保罗·艾伦一样，鲍尔默也可称得上是比尔·盖茨的挚友，他们曾经同在哈佛大学学习。1980年他来到微软后，就担任总裁特别助理，是比尔·盖茨工作上的得力助手。然而，即使像鲍尔默这样的资深人物，一旦工作上出了差错，比尔·盖茨也要对他大发雷霆，甚至扬言要炒他的鱿鱼。

　　微软公司招募人才的对象主要来自美国的17所大学、加拿大的4所大学和日本的6所大学。他们总会不时派人到这些学校去物色人才。而微软公司招募人才的标准，除了智商要高以外，还有一些其他要求。他们希望自己的员工能高负荷地工作，要有高度的责任心，能直截了当地谈论自己的看法而不遮遮掩掩。一旦微软公司初步看中某个学生，就会向他提出一些问题。这些问题大多是灵活多变的，富有开放的色彩。即使只是学生回答问题的一个声调，他们也能从中看出一些东西，比如此人是否精力充沛，自我期望值是不是太高等等。

　　微软公司把这些来自名牌大学、经过严格考核的高素质人才视为自己的一笔财富，他们源源不断地在公司扩充人才。到1983年，全公司已有雇员450名，其中100名为程序员，这些人继承并发扬了自阿尔伯克基创立公司以来具有的典型作风：疯狂地工作，也疯狂地玩乐。程序员完全是由比尔·盖茨和鲍尔默亲自挑选的，在公司享有许多特权。即便是刚离开学校来到公司的程序员，也有一间只属于自己的独立的办公室。一位来自麻省理工学院的学生得意地说："在微软公司里，软件工程师得到了一切最好的东西，打从第一天上班起，你就拥有自己的办公室，这实在太好了，对新手也如此待遇的公司，再也找不到第二家。对一个刚刚跨出校园的学生给予这样的待遇，才能把世界上最著名大学的高材生网罗到手。"

　　比尔·盖茨不仅对每个年轻人的相貌都谙熟于心，而且对他们的电话号码、车牌号码都能倒背如流。有一次，比

尔·盖茨同一名高级经理到一处工地去，行经停车场时，他毫不迟疑地向那位经理讲出哪辆车的主人叫什么名字。这并非比尔·盖茨有意去记住这些号码，只不过是因为他同那些程序员混得太熟，而且对他们非常关注而已。比尔·盖茨希望他的程序员跟他一样，每周工作60～80小时。一位程序员感慨地说："你身处这样的环境，身边所有人都如此刻苦，就连掌管这个公司的人也是如此。因此你也不得不这样做。"在微软公司，人们艰苦工作的习惯已蔚然成风，甚至大有走火入魔的趋势，以至于有时候连比尔·盖茨这个工作狂都要反过来招呼大家悠着点，可小伙子们仍然充耳不闻。这时候，比尔·盖茨就不得不使出他的绝招，把房门锁上，强制大伙儿出去休息。

程序员们的努力是有回报的，他们都被纳入了公司的股票分配体系之中，微软股票一上市，他们全都变成了人人羡慕的百万富翁。

业务的迅速增长当然是一件好事，然而比尔·盖茨一旦从巨大的成功中冷静下来，立刻发现随之而来的种种弊端也越来越突出。

比尔·盖茨首先感到担心的是大量冗员会败坏公司的活力与制度。微软公司初始阶段只有雇员100人左右，比尔·盖茨曾宣称，他的公司最多不超过200名雇员。但现在比尔·盖茨不得不重申："我并不反对生产和人员的增长，但我认为增长速度不能太快。在目前情况下，我不想让公司雇员超过1000人。"而在1986年3月，在微软股票上市的时候，公司已有差不多1200人。

在一个大公司里，最容易使人精神涣散的是缺少人情和关怀。在人员不断增多从而造成心理涣散这一点上，比尔·盖茨既显示出他有着敏锐的预见力，也表现出他具有防微杜渐的能力。

为了保持员工们的积极性和创造力，比尔·盖茨动了许多脑筋。

微软公司在西雅图的办公楼已无法容纳与日俱增的雇员。公司决定搬迁到8英里之外的地方。在那里，比尔·盖茨买下27英亩土地，加班加点地盖起了4座办公大楼。

为使员工们可以浏览户外四周碧绿树林的美景，公司把大楼全都设计成X型。比尔·盖茨要让全体员工都能体会到看到全美国最优美的西雅图近郊景色所产生的愉悦感，他要让他的员工们在工作中能始终保持心旷神怡、精神振奋的完美状态。

比尔·盖茨还把全体软件工程师集中到两座4层的楼房里，那里有全天营业的快餐店，供应所有免费的软饮料，此外还有开展集体体育活动的场所，如棒球场、足球场和排球场，而且这些体育活动统统免费。

公司原来预计在未来的25年内，在原有基础上再新建3幢大楼。可是还不到一年，第5幢和第6幢就已破土动工。这两幢楼尚未完工，第7幢又来了。只是第7幢修建得不太顺利，因为它坐落在一片树林里。结果，还没有等到第7幢大楼开工，便干脆开始同时修建第8幢和第9幢。大面积的施工，成片的楼房的建成，使得微软公司在短短的6年时间内就在269英亩土地上建成了22幢楼房，以至人们把这里的街

道戏称为"微软路"。

比尔·盖茨在谈到修建这么多办公大楼时说过:"我们有这样多的年轻人,他们在进大学前几乎足不出户,而现在又将他们带到这几乎是荒郊野外的地方,怎么能不尽量让他们感到舒服一些呢?说实在的,他们并不乐意老呆在这个地方,他们需要交友、玩乐、活动,然而我需要他们工作,需要他们干得更好。"公司早已做出这条规划,要让员工有宽敞的工作场所,舒适的办公大楼和充裕的休息设施。

比尔·盖茨强调说:"我希望他们有一种归属感,让他们明白,这一切都是他们自己的。"

比尔·盖茨既为员工们解决各种困难,又时时告诫他们,千万不要骄傲,要保持清醒、冷静和谦逊的作风。

微软厂区原来没有固定的停车场,谁先到公司,谁就能寻到一个停车的位子,连比尔·盖茨本人也如此。

在公司股票上市以后,公司里一下子增添了许多百万富翁,不少人都因股票而大发其财。在微软公司的停车场上,也开始停满了各种各样的高级轿车,保时捷、奔驰、法拉利等名牌车无所不有,后来还停上了罗尔斯·罗伊斯轿车,即使董事会高层的车混在中间,也很难辨认出来。

比尔·盖茨眼见雇员们的高级轿车越来越多,并没有因此而高兴,他的心反倒越收越紧。自从微软公司的股票上市以来,公司里许多人发了大财,他们的注意力显然已经被分散了,他们常常用更多的心思去关心股票的行情,并且不断滋生出骄傲和洋洋自得的情绪。有些人甚至在房间里贴上显示股票涨跌的图表,把主要心思都用在了这上面。一些资深员工在胸口上戴着写有"FYIFV"5个字母的徽章，那意思是："去你妈的，老子有的是钱！"

比尔·盖茨对此感到忧心忡忡："这实在叫人担心！他们这样做意味着什么啊！"比尔·盖茨反复警告他的员工，千万不要被纸面上的价值和财富所迷惑！他非常严厉地指出："这是愚蠢的！公司的股票固然具有高面值，但高面值常常是短暂的，是变化无常的！"

比尔·盖茨对于微软公司的巨大成功做过细致的分析与总结。在一次邀请会上，他对自己建立企业文化、组织工作模式、开展经营活动等方面的细节，做了详尽的阐述。

微软公司建立了企业内良好的合作关系。这种合作非常方便而且十分融洽。部门之间、工作人员之间从不设什么关卡，也没有烦琐的手续，合作关系的双方便有了犹如朋友之间的互相支援。公司的最高领导层，只有那么几名主要成员。微软公司从来不设那么多的副总裁，这已是众所周知的

事实。这使最高领导层之间不存在推诿（wěi）拖沓（t）的作风，办事决策雷厉风行，这是微软公司的一个原则。

微软公司共有9个部门，每个部门的组织结构都是相同的：一名产品部经理，一名开发部经理，一名程序经理，此外，还有一名用户部经理。其中，程序经理是最为重要的职位，他要对产品的特性及其对用户的吸引力负责。微软公司一向有重男轻女的传统，在9个部门的经理中，只有一位女性。这些人中一些是工商行政管理的高学历人士，另一些则是微软公司历年提升起来的员工。所有这些人都具有与所管理部门相关的很高的专业知识和组织能力，能独立操作，独挡一面。这正如一台安装得十分精密而且具备了所有高质量零件的机器，开动起来运转自如，效率很高。

为了保证开发小组永远处于最佳工作状态，微软公司采用了著名的达维利亚管理方式。这种方式的做法是：每6个月将对全体开发人员的工作进行一次检查，其中，大约5%的在工作状况和成绩方面处于落后的人员将被解职，另谋出路。对这种做法，比尔·盖茨解释说：离开微软公司，自然还有其他工作可干，比如去波音公司或其他什么公司，一些人还可以干脆回东部去谋生。开发小组从来都是较小规模的，人员不多但负有重任，永远保持着队伍精干、效率很高是这里的特色。比尔·盖茨认为，哪怕微软公司再进一步发展壮大，他的这一支应用程序的开发队伍也不会扩充。微软公司的机构扩充计划中，开发人员只有18个名额，而且还在做缩减的打算。而在莲花公司，开发人员的队伍多达120名。比尔·盖茨认为，这会导致互相扯皮、推诿和不负责任的作风产生。因此在开发人员队伍的建设上，他的基本观点是少而精。

微软公司还拥有一支高水平的"设计师"队伍，当然，也仅仅是7个人而已。这些人专门从事的工作是：不断提出新的见解，规划新的技术远景，乃至为整个公司的发展方向和目标绘制蓝图。这是一群具有远见卓识的软件高手，是电脑行业中的凤毛麟角。不言而喻，比尔·盖茨是他们中的"总设计师"。

对这7位"重量级思想家"，比尔·盖茨总是格外偏爱，另眼相看。他们是微软公司的精神支柱，是不可或缺的思想核心。其中包括微软公司的戈登·莱特温和"创收火山"、匈牙利计算机天才西蒙尼。微软公司把包括这些思想家在内的所有人员分成6个级别，即所谓采用10～15级的等级划分法。如果一名程序员升至15级，他就是"重量级思想家"了。当然，一旦成了这类人物，公司的巨额股票分配也就顺理成章地降临到了他的头上。

微软公司能够取得巨大的成功，在比尔·盖茨看来，最主要的原因在于这里聚集了最优秀的干将。所谓最优秀的干将，便是他们必须具有坚强的毅力，必须能持之以恒，必须拥有极高的智慧、丰富的实践经验以及正确无误的商业判断能力。

比尔·盖茨强调，在这里，极高的智慧乃是关键中的关键。而比尔·盖茨本人的使命，则是正确地驾驭这些英才，让他们的才智得以全面发挥，因为他认为，这些人完全可以把事情做得更好，可以成百倍地、成千倍地发挥出他们的才

干。他要求这些人每天一边工作、一边念念不忘："我必须取胜！"他们必须能够迅速地转换在工作和在家庭里充当的角色，这就是说，在周末加班加点、夜以继日地工作并非什么稀罕事，这是微软人所必备的一种素质。

微软公司在商业竞争上总是抱着强烈的忧患意识和谨慎态度。比尔·盖茨无法容忍失败，所以他脑子里一直考虑的是：有朝一日，谁将会取代我们？这也正是他千方百计要消灭每一个竞争对手的原因。作为软件公司，它必须对所有的竞争对手施以无情的打击。这其实是产生于激烈竞争中的防范心理。微软公司担心在商业上失去它的领先地位，因而不得不先发制人，防患于未然。

多年来比尔·盖茨总是不厌其烦地谆谆告诫他手下的经理们：必须时刻保持清醒的认识，决不可以被胜利冲昏头脑，要看清楚，四面八方全是虎视眈眈的对手。比尔对他们说："应当去了解对手，细致入微地了解他们，连他们的生日和孩子的名字都应当了解得一清二楚。"

比尔·盖茨希望，他手下的人能够像他自己那样时刻保持警觉，千万不可有丝毫的麻痹大意。他在全体员工大会上总是反复叮嘱："要多想想我们的竞争对手，知己知彼百战不殆。不要认为我们已经占了上风，因此我们就会永远立于不败之地。不，这必将导致落伍，导致被淘汰！"

事实证明，比尔·盖茨和他的微软公司在内部管理机制和对外竞争策略上的一整套做法是科学、严谨且卓有成效的。微软公司在世界电脑行业独领风骚而经久不衰，正是这种管理策略发挥巨大作用的最强有力的证明，它是微软经营思想最生动的体现，也是比尔·盖茨一生所总结的经验和智慧，更是微软人能始终走在计算机发展潮流前端的秘诀！

✹ 巨人背后的女人 ✹

俗话说，一个成功男人的背后，往往有一个不平凡的女人。比尔·盖茨的一生，自然也少不了女性的关怀。

前面我们提到，比尔·盖茨的第一次恋爱发生在哈佛读大学的期间。对象是父亲同事的女儿卡洛琳。因为两个人的兴趣爱好并不相同，在一起总是别别扭扭。后来，比尔·盖茨宁可去玩扑克，也不愿意再与卡洛琳约会，卡洛琳受到了冷落，只好同他分手了。

"女人和比尔·盖茨生活在一起，如同摆在他面前的一种陌生的软件。"微软公司的职工这样笑着谈论他们的老板。

而曾经见到过比尔·盖茨的女士们心中也总是纳闷儿：昨晚他睡在哪里？办公室？他的头发也实在是叫人不敢恭维。

有一天，盖茨的母亲对丈夫说："我常常担心，比尔·盖茨这样不修边幅，有哪个姑娘会和他恋爱呢？"

老盖茨说："嘿，你真是白操心。听说，比尔·盖茨正和一个叫吉尔·贝内特的姑娘约会呢。"

吉尔·贝内特是比尔·盖茨在微软公司的设计与生产服务部经理特里西娅·麦克金尼斯的家庭舞会上认识的。

"为什么你的公司不开发供32位小型机使用的软件呢？"贝内特问比尔·盖茨。

比尔·盖茨乐了，笑个不停。"32位？可是32位微处理器还没成熟。你显然是把微机与PDP-10型这样的小型机混为一谈了，犯了概念的错误。"

贝内特红着脸说："对于计算机我还是个外行。"

"不过，你这个建议确实不错。我可以考虑开发新产品。"比尔·盖茨开始有点喜欢上了这位姑娘，并亲切、幽默地称她为"32位"。

为了不耽误更多的工作，他们坚持晚上下班之后再约会，贝内特称这种约会为"七小时关系"。

"嗨，贝内特，你的'工作狂'最近怎么样了？"女友琼斯和贝内特又谈起了比尔·盖茨。

"还是老样子。"贝内特显出无精打采的样子，"我们接触越多，我越发现彼此的不同。我是内向型，而比尔·盖茨则更内向。"

"这是'互补式的爱情'，是两人的最佳结合方式，干吗愁眉苦脸的？"

"我看没那么简单，和比尔·盖茨约会可不是件轻松的事。他常常不由自主地讲到他的工作，很少交流彼此的感受。他似乎总将自己的一生和某种高出情感的东西相联系，而女朋友只是一切事情的表象而已。"

"噢，我的上帝! 难道他是个'冷血动物'!"

"不，不能这样说。比尔·盖茨是一个感情强烈、极富挑战性的人，但他也是一个敏感而又充满同情心的人。只是他把这些掩藏得很好，很少表露。其实他的感情极易受到伤害。"

琼斯不无感慨地说: "真没想到，'高处不胜寒'啊，处于巅峰的人是孤独的。"

"说实话，有时我会产生要保护他的欲望。好在他有一个亲密和谐的家庭，这能帮他克服孤独感。他的家庭是他的一笔财富。"

"你很了解他。"

"不，我觉得我还不能体会他心中最敏感的部分，这也许会是个遗憾。"

后来比尔·盖茨感到自己的工作被耽搁得太多，1984年他与贝内特中止了约会。后来，他有了新女友。

这一次，女友是一个学者味儿十足的女人。她叫安·温布莱德，比比尔·盖茨大9岁。由于二人所学的专业相近，又都从事计算机软件开发的行业，所以特别谈得来。

1984年，在一次产业研讨会上，比尔·盖茨的发言给温布莱德留下了深刻的印象。温布莱德对比尔·盖茨很欣赏，认为他是个冒险家，同时又是个超级领导者。

有一次，她和比尔·盖茨去墨西哥旅行。到达旅馆后，比尔·盖茨竟把他们的汽车转租给两个素不相识的嬉皮士，一个下午10美元，而且没有一分钱的押金。温布莱德对比尔·盖茨说: "我觉得你这次上当了，别指望他们会把汽车

◎嬉皮士：本来被用来描写西方国家20世纪60年代和70年代反抗习俗和当时政治的年轻人。后来也被贬义使用，来描写长发的、肮脏的吸毒者。

送回来。"

"我相信他们。"

4个小时后，汽车虽然被送回来了，可损坏严重，花了不少修理费。

还有一次，他们去沙丘一带游玩。比尔·盖茨见有一家俱乐部专门从事滑翔教学，也想试一试。

第一次滑翔，他一头栽进了沙丘。第二次，他记住了教练的话，认真操作，飞行了一段路程，感觉挺好的。他自以为已经掌握了要领，竟然迎风而上，飞到高空中去。可他违反了不能转动滑翔器的规定，在几百米外重重地摔了下来。多亏摔在一片灌木丛里，他才没有受伤。可人和树丛死死地纠缠在一起，费了好大的力气才解脱出来，很是狼狈。

温布莱德对比尔. 盖茨最后的印象是，孩子般的冒险，孩子般的依恋。

比尔·盖茨虽然接受爱情，却不愿接受婚姻。他认为人一旦结婚，就老得快。他的秘书卢堡曾经问他几时结婚，他回答说："35岁以后吧。"

可是，温布兰妮已大他9岁，又如何能等到他35岁呢？两个人同居了一段日子之后便在1987年正式分手了。在盖茨看来，他与温布莱德之间的关系是一种纯粹的"柏拉图"式的精神恋爱。他们经常在一起谈论有关计算机和物理学的问题，有时一个问题就能争论一个星期。对于盖茨来说，温布莱德又是他的大姐姐。在很多个人的事情上，盖茨都事先与

她商量。尽管后来二人之间不再有恋人关系，却仍然保持着友谊，而且还时不时地聚在一起讨论问题。

1992年，比尔·盖茨与才女梅琳达·弗伦奇订婚了。

弗伦奇出身于达拉斯一个富有的中产阶级家庭，父亲是个十分敬业的工程师，她以优异成绩毕业于美国杜克大学计算机系，后来又到美国东部的一所名校深造，在那里获得工商企业管理硕士学位。

毕业后，微软公司看中她的才华，招聘她为雇员。弗伦奇很漂亮，有着一头深棕色的头发，也很有个性。她知识渊博，教养深厚，并非一般时髦女子可以相比。在嫁给盖茨之前，弗伦奇已经在微软做出了骄人的业绩。她担任一个部门的主管，手下有一百多名员工。弗伦奇曾经反馈过一条重要信息，修正了WINDOWS的致命失误，避免了公司的重大损失，从而引起了盖茨的注意。她对比尔·盖茨的风流韵事早就有所耳闻，所以对这位年轻的董事长也并没有什么好感。但传言归传言，董事长对她可是彬彬有礼，温文尔雅。直到盖茨向她发起猛烈的求爱攻势，她才慢慢改变对他的看法。

盖茨和弗伦奇都是工作狂，两人都喜欢下班后在办公室里加班。盖茨从自己的办公室窗口望出去，正好可以看到弗伦奇。一天，盖茨来到了弗伦奇的办公室，大胆地对她说："请你永远为我点亮这盏灯！"她接受了他的爱情。从此，办公室也成为他们约会的地方。

虽然他们相爱了，可比尔·盖茨仍对结婚不感兴趣，这对弗伦奇当然是不公平的。

1992年，弗伦奇向比尔·盖茨下了最后的通牒：要么结

婚，要么立刻分手。就这样，两个人订了婚。比尔·盖茨决定改变自己，履行自己的诺言。1993年复活节，他带上弗伦奇去棕榈（lǘ）泉看望在那里度假的父母，后来又在李尔耶山庄租下一栋别墅以度蜜月，并且还为弗伦奇订做了结婚戒指。

1994年1月24日，比尔·盖茨与弗伦奇在达拉斯举行了隆重的结婚典礼。

婚后，弗伦奇便做起了专职太太。几年来，她为盖茨生下了三个儿女，还管理着盖茨豪宅的日常工作。弗伦奇把家里收拾得十分温馨，还建了一个家庭图书馆。盖茨夫妇在很多问题上的看法都不谋而合。两人的兴趣惊人地相似，他们甚至喜欢读同一本书，有时等不及对方读完就抢过来读。所以，后来他们的家庭图书馆在订购图书时，每本书都订两本。

盖茨家族原先有两个基金会：一是以自己名字命名的"盖茨教育基金会"，主要从事教育方面的捐赠；二是以其父名字命名的"威廉·盖茨基金会"，主要从事健康方面的捐赠。为了加强管理和更为有效的捐助，2000年1月，盖茨家族将这两个基金会合并，组成了"比尔与梅林达基金会"。由于盖茨工作繁忙，基金的管理工作便全部交给了弗伦奇和自己的父亲，足以见出他对妻子的信任。目前这已成为世界上最大的慈善基金会，金额高达54亿美元，是美国著名的"洛克菲勒基金会"的10倍、"福特基金会"的3倍。

盖茨与弗伦奇还经常玩猜谜、拼图等智力游戏。他们二人还喜欢参加挑战性强的活动。一次，他们参加朋友的婚礼，婚礼的主要节目就是请来宾们参加雪地追狗比赛。盖茨与弗伦奇在-30℃的阿拉斯加一起跋涉了43公里，不仅毫

无怨言、还觉得乐在其中。他们还和朋友一起到非洲度假，进行野外生火的比赛。一家人幸福快乐地生活着。

1999年，美国爆出两大桃色新闻，而且两条新闻的男主角都叫比尔，一位是美国前总统比尔·克林顿，他与莱温斯基的绯闻让他险些丢掉总统的宝座；另一位就是比尔·盖茨，他的情妇斯特凡妮作证，指认微软违反了美国反垄断法，险些让司法部把微软一分为二。

斯特凡妮·宙赫尔是在盖茨与弗伦奇结婚后，又一位出现在微软帝国吸引盖茨注意的女雇员。斯特凡妮从商学院毕业后，进入微软，担任营销经理。她颇善交际，不仅工作井井有条，而且身材婀娜，长相可人。 终于，盖茨决定向25岁的斯特凡妮发起攻势，斯特凡妮未加思索就欣然接受了。对于斯特凡妮来说，盖茨是世界巨富，又是自己的大老板，平时想亲近他还生怕找不到机会呢，何况他还主动表示对自己的爱慕！

逐渐地，盖茨迷恋斯特凡妮到了痴迷的地步，他甚至让斯特凡妮参加微软的机密会议，看到了许多不为人知的内幕。一次，盖茨带她到英格兰参加微软董事会。会

◎ 反向赏金：微软"贿赂"的代名词

上，高级经理们讨论了支付"反向赏金"的问题，这是盖茨挤垮竞争对手的一种非法手段。这次会议让斯特凡妮想一想都觉得不寒而栗。

对于盖茨的痴情，斯特凡妮越发觉得恐怖。终于，她决定与盖茨一刀两断。在美国司法部开始对微软进行垄断案调查之后，斯特凡妮毅然与盖茨对立。她站在法庭上，指证盖

◎垄断案：1998年5月18日，美国司法部和20个州联合提出诉讼，控告微软公司违反美国的反垄断法。

茨使用非法手段竞争。

斯特凡妮的证词令许多人大吃一惊，对于微软公司来说，她的证词是一次致命的打击。知情的华尔街经纪人纷纷抛售微软股票，一时间，盖茨的个人财产损失高达6.776亿美元。

这一次感情的出轨，让微软跌了个大大的跟头。

首富的宫殿

比尔·盖茨从1983年开始才有了属于自己的房子，在此之前他一直租住在公寓楼里。这一年，比尔·盖茨的母亲为他买了一套房子，离他原来的住处只有一英里。

这套房子坐落在风光秀丽的华盛顿湖滨，花费近100万美元，共有3间卧室。周围附带有一个不算大的游泳池。从房屋的后面，可以远眺华盛顿大学，还可以看到更远处的东南雷尼尔火山。

室内设施是按比尔·盖茨自己的设想来布置的。令人惊奇的是，整个房子内竟没有一台电视机，基本生活用品也少得可怜。在屋子中间，醒目地摆着一台电脑，比尔·盖茨在家里的时候，几乎把所有时间都花在这台电脑上。

他在自己工作台的上方，贴了一张巨大的世界地图，只要抬眼一看，世界就可以尽收眼底。在他车库的墙上，也贴

了一张详尽的非洲地图。他解释说："在我的心灵中，还有许多未被使用的波段，只要我的眼睛扫过这些地图，这些波段就可以使用起来。"比尔·盖茨每天上班都比较晚，尽管这个住所离他的办公室仅有十来分钟的车程。不过一到了公司，他几乎每天都忙到半夜才回家。与那些豪华住宅相比，他的这个住所并不十分豪华，顶多算是中下等。

而我们今天广为流传的首富豪宅，是在这之后另外建造的。

据凤凰卫视报道，盖茨从1990年开始，花了七年时间、6000万美金与无数心血，建成一幢独一无二的豪宅。占地约两公顷，建筑物总面积超过6130平方公尺。根据金恩郡2002年的地政资料，盖茨的家园（土地与建筑物）总值约1.13亿美金；每年缴纳的税金超过一百万美元，是美国国民年平均收入的25倍。

这幢房子位于一座小山上，为了避免招致邻居们的反感，比尔·盖茨让房屋的绝大部分都低于山脊。这样一来，从湖面方向看去，这座房子就和邻居们的房子不相上下，即使那些高出山脊的部分，也不比相邻的两家高。他不想让自己的房子有高高在上的气势。

盖茨的家是智能化的典范，随处可见高科技的影子。整个建筑根据不同的功能分为12个区，通道出口处都装有机关：来访者通过出口，就会产生其个人信息，包括他的指纹等，这些信息会被作为来访资料储存到计算机中。

大门装有气象情况感知器，可以根据各项气象指标，控制室内的温度和通风的情况。住宅门口，还安装了微型摄像机，除主人外，其他人欲进入门内，必须由摄像机通知主

人。每个来宾必须佩戴专门的胸针，你可别小看它，如果没了它，访客就会被系统确认为入侵者，计算机就会通过网络报警。这个胸针还能告诉房屋的计算机控制中心你对于房间温度、电视节目和电影的爱好。所以，一旦房间内的电视和音乐被选定后，它们会随着人们从一个房间，就算是在水池中，也会"冒"出如影随形的音乐。厨房内装有一套全自动烹调设备。而厕所里安装了一套检查身体的电脑系统，如发现异常，电脑会立即发出警报。主人在回家途中，浴缸已经自动放水调温，做好一切准备迎候主人的归来。房屋的安全系数也得到足够的保证。当主人需要时，只要按下"休息"开关，防盗报警系统便开始工作；当发生火灾等意外时，消防系统可自动报警，显示最佳营救方案，同时关闭有危险的电力系统，根据火势分配供水。

如此强大的功能，在屋内你却看不见任何电缆，因为长达53公里的电缆全部被埋在地板下方。而地板也不仅是起装饰作用，它是一个巨大的传感器：地板能在6英寸的范围内跟踪到人的足迹，在有人时自动打开照明，离去的同时自动关闭。当有人走进房间时，地板也会根据阳光的强度，来调节房间内的空气温度和湿度。

进入会客大厅，最醒目的是墙壁上40平方英寸的背投式电视，这里大到足够举行一场容纳150人的鸡尾酒会。盖茨的商业级厨房可为100多人提供饮食服务。当然，也有一个可容纳24人的专用餐厅来享受壁炉晚餐。盖茨在回家的途中，就可以通过智能住宅系统遥探家中的一切，如嘱咐厨房的工作人员准备晚饭等等。智能豪宅里唯一带有传统意味

的东西是一棵140岁的老枫树。比尔·盖茨非常喜欢它，于是，他对这棵树进行24小时的全方位监控，一旦监视系统发现它有干燥的迹象，将释放适量的水来为它解渴。

盖茨的豪宅智能化程度最高的部分首推会议室，这个房间可随时高速接入互联网，24小时为盖茨提供一切他需要的信息。盖茨可以随时召开网络视频会议，与同事商议微软大事。同时，这个房间内的计算机还可以通过遍布整个建筑物内的传感器，自动记录整座住宅的动静。

比尔·盖茨说过："我所修建的不仅仅是一个家，而且还是一个计算机技术讨论中心，要在这里展示家用电脑的最佳水准，我的设施没有脱离这一宗旨。"

他说："我希望我的房子与周围环境和将要住进去的人的需要相和谐。尽管我想让它从建筑角度上吸引人，但我更希望它舒适。我的房子也是由硅片和软件建成的。硅片微处理器和内存条的安装以及使它们起作用的软件，使这房子接近于信息高速公路，在几年内将会带有数百万家庭的那些特征。"

不过据到过盖茨家的人介绍，豪宅内陈设其实相当简单，并不是常人想象的富丽堂皇。盖茨也曾说过："我要把我所赚到的每一笔钱都花得很有价值，不会浪费一分钱。"

因此对于富翁的豪宅，我们也无法做出最准确的描述，只能是极尽想象之能事，期待以后有机会能够亲临西雅图郊区，一睹它真正的风采。

❋ 生活中的凡人 ❋

比尔·盖茨家里还拥有庞大的私人藏书室。"我喜欢在自己的藏书室里度过更多的时光。"谈到这些，他总是很骄傲，"我从不把阅读当做消遣，对于重要著作，我有一种发自内心的尊崇与渴求。"

有一天，他在吃一顿简单午餐的时间里，竟一口气读完了四本杂志，其中包括《美国社会科学》和《经济学家》。

有一次，比尔·盖茨在接受《纽约》杂志的一名记者采访时，他竟出人意料地问道："《纽约》是什么东西？"他并没有开玩笑，他根本不知道这份杂志。

"我的时间很紧张，所以我必须在阅读方面做出严格的选择。如果津津乐道于阅读以耸人听闻和过分夸饰为能事的报刊杂志，无异于虚度光阴。"

微软公司的职员们这样评价他："比尔·盖茨并不是专门钻研高难学术问题的书呆子。他酷爱体育运动，甚至有点表演天才。"

比尔·盖茨信心十足地说："体育的魅力使人无法抗拒。我在力量抗衡的运动上不及别人，但在技巧性强的项目上，却有自己的独到之处。"

在微软公司的雇员们为他们的董事长庆贺30岁生日的时候，比尔·盖茨在硬木地板上表演的室内四轮溜冰使那些衣冠整洁的下属们个个感到惊异。

"真没想到他还是个室内溜冰高手！"

"他好像无所不能！"

在保罗·艾伦摇滚乐队的伴奏下，比尔·盖茨翩翩滑动，他舞步轻快，姿态优美，随着摇滚乐节奏不断加快，他的滑动也一再加速。他竟一口气在地板上做了四百多次旋转，把生日聚会推向高潮。

比尔·盖茨从小就喜欢水上运动。微软公司的股票上市之后，他花钱买了一艘快艇。每天早晨推开窗户，碧波万顷的华盛顿湖就呈现在他的眼前，这使他无法克制对水上运动的酷爱。

驾上快艇在水面上飞驰，望着无际的蓝天白云，迎着扑面而来的凉风，他觉得这是最令人心旷神怡的时刻。他甚至在自己的新居旁边专门建造了船坞。他还在自己的新居内设置了许多运动器材，经常可以足不出户地进行体育锻炼。

他有时不能不想到自己是世界上最富有的人。可他从来不因为富有而去特意摆阔，相反，许多了解他的人都认为，他仍然保持着过去那种随随便便、不大讲究的特点。

他在衣着外貌上依然显得马虎。出现在公司、工厂或机场时，经常还是一条便裤，一件开领衫，一双运动鞋，而且没一样是名牌。

他仍旧会嘻嘻哈哈地拍着熟人的肩膀，热情而不失潇洒地说："嘿，多好的天气，咱们去吃个热狗，喝杯咖啡，怎么样？"

他虽然已经成为名流，可还是跟过去一模一样，没有任何变化。

他喜欢独来独往，一个人行动，从不需要那种前呼后拥的派头。

人们在他身上看不出有什么变化，他对此有自己的一套说法。他在回答《花花公子》记者的提问时说："我认为讲究派头并不是一个好的榜样。一个人如果习惯于享受，他就再也不能像普通人那样生活。我喜欢生活得跟普通人一样，这已经足够了。对于讲享受，讲派头，我只能敬而远之。"

在物质享受方面，唯一令比尔·盖茨感兴趣的是汽车，而汽车又常常给他带来麻烦。

从1970年他父亲为他买了第一辆红色野马汽车之后，他买过的汽车已在10部以上。他比较喜欢马力强劲的汽车，如保时捷、法拉利等，而对那些名贵的小车，比如奔驰之类，反倒不太喜爱。

他喜欢超速行驶，因此麻烦不断。

他买过一辆灰色930型保时捷。这种车速度很快，多次被警察的监视雷达抓住。对于他这位屡教不改的富翁，警察局真是大为恼火。为了逃避警察的跟踪，他不得不在新车上装上雷达干扰器。可这反倒成了警察局控告他的理由，因为他的雷达干扰器被警察发现了。尽管按照美国法律，在车内安装雷达干扰器并不违规，可他因此敢大胆超速行驶，就免不了一再受罚。

尽管汽车给他带来无休止的麻烦，可他仍不改初衷，

喜欢驾着新车在公路上超速疾驰。他乐于享受那种飞速的快感，仿佛一切都被甩在了身后。

除了对计算机和软件的热爱之外，盖茨对生物技术也很有兴趣。他是ICOS公司董事会的一员，这是一家专注于蛋白质基体及小分子疗法的公司。他也是很多其他生物技术公司的投资人。盖茨自己还成立了Corbis公司，它正在研究开发世界最大的可视信息资源之一——来自于全球公共收藏和私人收藏的艺术及摄影作品综合数字档案。此外，盖茨还和移动电话先锋Craig McCaw一起投资Teledesic。这是一个雄心勃勃的计划，计划使用几百个低轨道卫星来提供覆盖全世界的双向宽带电讯服务。

此外，盖茨也是《莱斯特律典》——一份72页的莱昂纳多·达·芬奇手抄本的最新一任主人。这份手抄本包含对水的性质、天文学、岩石和化石的观察记录。盖茨每年将手抄本在全球不同的城市公开展览一次。

生活中的巨人就是这样，他喜欢做所有自己感兴趣的事，有的时候甚至专注到漠视周围其他的一切。他的一些兴趣爱好对于普通人来讲可能是价值连城、难以承受的，可是对于这个能够连续13年被《福布斯》杂志评为全球最富有的人，这一切对他来说都只是生活的必需品而已。为了自己的兴趣，他乐此不疲。

第五章

最后的勃发

◆一波未平，一波又起
◆高瞻远瞩下的深刻反思
◆关注中国
◆退休后的新征程

一波未平，
一波又起

一段时间之后，随着IBM的个人计算机正失去市场的主导地位、被别的公司低价抢占。比尔·盖茨不得不面临着一次重大的选择：一是继续与IBM合作，在IBM中占据一定的权益，处于被IBM拖着走的从属地位；二是独自提出一个新的操作系统标准，与IBM脱钩。如果与IBM分手，就意味着微软从此失去一个伙伴而多了一个竞争对手；但要是不分手，又势必影响到自己公司的发展。比尔·盖茨犹豫不决。他决定不动声色，先全力开始开发图形界面操作系统。

经过艰苦的努力，微软终于成功地设计出自己的图形界面操作系统——视窗3.0版。视窗3.0版本的问世，标志着微软公司在产业开发上与IBM公司正式脱钩，发展成为独立研制图形界面操作系统的机构，也使电脑及其兼容机在性能上从此跨入一个新的纪元。

1990年5月22日，六千多人聚集到纽约市戏剧中心，庆祝视窗3.0版问世。同一时间，在世界12个大都市也举行了隆重的产品发布会。微软公司通过卫星把庆祝大会的实况发往美国7个城市的分会场。

仅仅这一天，比尔·盖茨花出的宣传费、广告费、演示费、赠送试用版等全部费用总计达到1000万美元。他穿上笔挺的西服，在母亲的陪同下，出席盛况空前的庆祝大会。全世界都听见了他的声音："视窗3.0将重新确定'个人'在

个人电脑中的地位，这是比DOS还要好的DOS！"

各界迅速做出热烈的回应：

《今日美国》评论说："这是有史以来最让人渴望的产品！"

德克萨斯软件公司总裁、视窗的支持者格雷逊评论道："假如你认为，在这几年中高科技产品已经极大地改变了世界，改变了人类的生活，你并没有看错；但真正的改变，是从今天才开始的。"

视窗3.0版非常畅销，它震动了全世界，以每月10万套以上的速度迅速在全球发行。到1992年新版视窗3.1推出之前，视窗3.0版的销售总量已达到700万套的创纪录数字。

在微软公司的这一巨大成功背后，苹果公司和其他一些公司遭受了沉重的打击。苹果公司决定用法律的武器，反击微软。它要指控微软对同行业的产品进行排挤和侵权。

胸有成竹的比尔·盖茨早就判定苹果公司会利用法律来向他反击，可他没想到在苹果之前先把他告上法庭的却是西雅图计算机公司。

在一次开庭审理时，西雅图计算机公司老板布洛克的律师凯利竟然把一条狗带上法庭。他把狗放到被告席前，而被告席上坐着的正是比尔·盖茨。

凯利大声说："先生们，你们可能觉得奇怪，甚至不理解我为什么把一条狗带到了法庭上。我可以告诉你们，今天审理的是关于计算机的案子，同时也是一宗关于狗的案子。"

比尔·盖茨好像已经猜出凯利律师要说什么了。

凯利说："这条狗叫斯帕德，是原告西雅图计算机公

司老板布洛克先生的。有一天，比尔·盖茨先生找到布洛克先生，他说对驯狗很在行，肯定能使这条狗成为一名冠军，还许诺分一些奖金给布洛克先生，于是就牵走了这条狗。不要忘记，这条狗本来是布洛克先生的，正如DOS操作系统一样。我想，先生们应该明白我的意思了。"

原来事情是这样的：1981年，西雅图计算机公司的老板布洛克以5万美元的价格，把本公司的DOS操作系统转让给微软公司，使微软公司利用这种操作系统尽快飞上枝头当凤凰，与IBM公司合作成功。微软公司得知一家外国公司要从DOS操作系统发明人帕特森手里购买销售许可权时，比尔·盖茨又用100万美元从帕特森手里收回了这项权利，还把帕特森留在微软公司工作。不过，作为西雅图计算机公司老板的布洛克，也拥有这种操作系统的许可权，他不同意比尔·盖茨收回许可权的价格，坚持索要50万美元，僵持之下便把微软公司告上法庭。这好比布洛克的狗被比尔·盖茨牵去夺了冠军，他要从比尔·盖茨手里多要一些奖金。

这次审理，经过双方律师激烈的口舌之战，陪审团开始讨论。

布洛克很紧张，他知道，在12名陪审员中，必须有10名以上表示同意，他才能得到巨额索赔。比尔·盖茨却显得很镇静，尽管赔偿的价码以每两小时上涨10万美元的速度递增，可他丝毫不为所动。

最终，法庭判决微软公司以为数不多的钱，收回布洛克手里的DOS的许可权。

退庭后，凯利立即不停歇地跑到交易所，一下子买了一大笔微软公司的股票。他对朋友说："我通过这宗案子，真正认识了比尔·盖茨！"

再来说说苹果公司指控微软公司的视窗软件对它的图形用户界面构成排挤和侵权的案子。

如果苹果公司打赢官司，不仅微软公司将前功尽弃，而且意味着几十亿美元的市场份额也将化为乌有。在微软与苹果公司的这场纠纷中，不断有新的对手加入苹果公司的行列，向微软发起进攻。

1991年初，比尔·盖茨对鲍尔默说："我要搞一份备忘录。尽管现在我们处在软件市场的良好发展状态，成绩也不错，可是我们要想到公司未来的处境，要看到未来的发展和风险。我认为很有必要！电脑技术飞速发展，稍有疏忽，就有可能被别人赶上甚至超过。而且，我们要知道，在网络通讯等方面还远远落后于Novell公司，更有那些善于攻占市场份额的软件开发商，正对我们进行围堵。在备忘录中，我要着重谈一下与IBM的关系问题。"

后来，比尔·盖茨向公司的主要董事们分发了一份公司发展备忘录。这份备忘录在历数公司业务取得的巨大成就的同时，也详尽地分析了公司在各个领域中面临的压力与危机。这份备忘录公布之后，一些不明事理的人开始产生恐惧心理，认为别的竞争对手真的要赶上来了，便开始大量抛售微软股票。

微软股票在被抛出最多时，一天之内下降了8美元。这意味着比尔·盖茨个人在一天之内就损失了3.15亿美元的票面价值。

这时，IBM公司董事局主席阿克尔斯也发表了他的备忘录，是一份缘于败绩的备忘录。阿克尔斯在他的备忘录中提出IBM公司要与苹果公司结盟，很快得到苹果公司的响应。阿克尔斯在他的备忘录中还毫不掩饰地承认，IBM公司目前正处于前所未有的困境之中。自1984年以来，公司的销售额首次连续两年呈现下降趋势。IBM公司一度在股市上遥遥领先的地位现在已岌岌可危。在全美掀起个人计算机热潮的时候，IBM公司几乎占领了一半的市场，而现在的情况是，市场占有率已下降到差不多只有20%。他认为，现在该是公司大力进行整顿的时候了。

阿克尔斯忧心忡忡地指出："我们正在失去市场占有率，我们正在走向衰退。"他同时指责造成这种严重后果的原因，说："我们的工作缺乏足够的紧张态度，人人都自得其乐，而根本无视商务上的困境。"严酷的现实迫使IBM公司改变思路，打破陈规，从根本布局上改变现状，以应付狡诈的对手——比尔·盖茨和他的微软公司。

阿克尔斯提出的方案，在前两年是不可思议的。那就是，要同他们过去曾经厮（sī）杀得不可开交的对手苹果公司联合起来，共同对敌。因为无论是IBM公司还是苹果公司，现在都共同面临来自微软公司的压力。过去，微软的年营业额只及IBM公司的十分之一，而现在，市场已经在微软公司的主导之下，IBM公司和苹果公司这两家大公司所占的份额则分别下降了70%和50%。而且，微软产品的利润率比这两家公司都要高。在共同利益的驱动下，它们互相联合，一致对敌，乃是大势所趋，只能如此。

阿克尔斯在这份备忘录中为IBM公司指出了唯一的出路，尽管多少带有苦涩和迫不得已的意味。

在与苹果公司结盟这件事上，IBM并不是全无保留的。电脑界不少明智人士认为，苹果公司只是因为与微软公司的官司才采取联合IBM的策略。它与IBM公司有着类似与微软公司的矛盾。要是苹果公司赢得了与微软公司的官司，它同样会起诉IBM公司的PM软件。PM与视窗完全相同，这同样是苹果公司难以容忍的。只是在当前形势下，苹果公司与IBM公司联合起来仍然是有利的。

备忘录发表后不到半个月，在美国国庆节的前一天，两家公司正式结盟。他们达成一项协议，在广泛的领域内共同享有彼此的技术。协议的有效期定为7年。

这是一个意料之中却又有些出乎意料的结果。人们普遍认为，这种过去难以想象的事情完全是由于微软公司日益强大造成的。人们把IBM公司与苹果公司的结盟称为"反微软联盟"。

两家公司把结盟仪式搞得轰轰烈烈，仿佛在向比尔·盖茨示威。仪式在旧金山举行，邀请了五百多人参加。在这个仪式上，除签署彼此共享技术成果的协议外，他们还声称将与著名的摩托罗拉公司合作，开发个人计算机RISC芯片，以用于IBM和苹果公司的个人计算机。

而真正引起轰动的新闻还是IBM公司和苹果公司将注册两个联营公司。其中一个公司取名塔利根特(Taligent)，它的使命是以苹果公司以前开发的平克(Pink)项目作为基础，研制出更为先进的操作系统。另一个公司起名卡雷达(Kaleida)，它

的任务则是研制一种个人多媒体计算机，把声像、文本、影像融为一体。

对这两家的结盟形成，比尔·盖茨反应淡漠，没有表现出什么忧虑。

他在一次业务研讨会上说："对于整个产业来说，苹果与IBM结盟可以说是一件好事，甚至是很好的事情，因为我们这个行业需要更多的合作，以便产生更好的成果。"

有记者问他："你不担心它们结盟对微软公司的影响吗？"

比尔·盖茨笑着说："这可算得上是一件好事：它们合二为一，我们因此少了一个竞争对手。"

此刻，没有人明白这个精明的总裁到底在想什么。

高瞻远瞩下的深刻反思

尽管如此，苹果公司和IBM公司的结盟，还是不免让比尔·盖茨在心中感到了很大的压力。一天，鲍尔默告诉比尔·盖茨："据我们了解到的情况，苹果公司和IBM公司结盟之后，他们已经把多媒体提上了日程。"

"这并未让我感到吃惊，因为我已经想到了他们和我们现在一样也会搞多媒体。所以，我们的开发和研制工作必须争分夺秒！谁控制了多媒体电脑，谁就可以通过全球上亿台个人电脑实行软件控制。"

微软公司与"反微软联盟"关于多媒体电脑的新一轮竞

争又拉开了帷（wéi）幕。

如何让电脑能处理声音和图像，是多媒体发展中的一个关键性问题，也是一个极为复杂的超级难题。微软公司当初开发的视窗3.0版本其实已经具有多媒体的功能。在视窗3.0的平台上，可以很方便地搭载多媒体扩展系统，组成一个功能多样的多媒体视窗。它可以通过新的接口与音响、录像机、摄像机和光盘等设备联结起来，实现多媒体的功能。

而苹果公司20世纪80年代推出的麦金托什计算机，实际上就是多媒体计算机的雏形。麦金托什计算机具有极为卓越的性能，它采用了摩托罗拉公司的68000型32位微处理器，速度达到了每秒2Mips，远远超过了当时流行的小型机VAXII／70，而它的价格只是小型机的零头。

麦金托什计算机最为突出的特色还在于它的图形处理系统，实际上可以说整个麦金托什系统都是围绕图形处理来设计的，它甚至可以将文字也当做特殊图形来处理。

麦金托什计算机的多功能特征不仅表现在它的图形至上的设计上，它还能非常出色地处理声音系统，人们可以用它来作曲，自动控制电声乐队，进行音乐教学和语言研究等。

然而，微软公司还是抢先了一步，在1991年3月公布了静止图像压缩标准不久，他们又急不可耐地公布了活动图像压缩标准。

1991年年底，多媒体将巨头比尔·盖茨再一次如愿以偿地推上了世界级电脑权威的宝座。

胜利的背后，是比尔·盖茨隐藏在心中的高瞻远瞩。

早在20世纪90年代初，比尔·盖茨就对信息高速公路的

前景看得一清二楚。在苹果公司与IBM公司结盟后，巨大的压力使比尔·盖茨加快了对多媒体和信息高速公路的开发。

比尔·盖茨并没有因为多媒体开发有了突破而高枕无忧。他已清楚地看到，未来是一个信息高速公路的时代，马不停蹄地向信息高速公路进军是他的当务之急。

信息高速公路是以信息交流为目的的基础设施，它需要建立一个全国性的信息网络，将各个大学、科研机构、企事业部门乃至普通家庭连接起来。它像一个高度发达的公路网那样四通八达，使信息的交流传输快捷准确、方便自如。信息高速公路一旦建成，将融合现有计算机网络服务、电话和有线电视的功能，为全社会各部门提供服务。它使用广泛，在诸如工业、技术、教育、文化、卫生、金融、商业、娱乐、运动等行业都会大有作为。这种设施全面地包容了未来信息时代的内涵，因此被人们普遍接受。

人们可以通过信息高速公路，在任何地方与他的亲朋好友交谈，可以看到图书馆里最新的图书资料，可以查询商场中所有商品的价格和有关情况。人们可以坐在家里接受教育，获得需要的知识，在家里办公，在家里得到保健服务和其他服务。学生可以选择最好的学校、最好的教师和最感兴趣的课程，而不需要考虑实际的空间距离、财力和因健康原因而造成的行动不便等。家长可以很方便地同教师和学校取得联系，了解学生的学习和表现情况。人们可以足不出户，在家中欣赏最新出品的电影，听最喜爱的歌曲，阅读最喜欢的文学作品，看最感兴趣的文娱节目。各个厂商可以通过信息高速公路从世界各地获得定货单，而且附有所需产品的详细说明、由制造商根据这些说明制造出合乎规格的产品。世界各地的股票投资者可以及时获取全球的证券行情和行情分析，从而据此选择新的投资行动……

正是因为信息高速公路具有如此重要的功能，它已被世人包括各国政府看做是必须尽快拥有的工具。现在，各国政府甚至把利用信息高速公路视为争夺世界先进地位不可缺少的步骤。而对于这个技术本身，则被认为是全球范围大规模普及电话之后的又一次信息革命。目前在全世界已有不少国家开始规划全国性乃至全球性的高速信息网络，比如、美国、日本、韩国、新加坡及欧洲、南美洲的一些国家。

20世纪90年代之初，比尔·盖茨就已预见性地注意到了这一点。在此之前他做的一切事业仅仅算是一个前奏，一个热身运动，一场准备工作，真正要干的事情还在后面呢！

个人计算机问世之初，电脑只对个人或少数人起作用。一台初级电脑可以让一名高中学生在一周之内完成前30年中全世界的数学家都难以完成的工作，后来的电脑则可以使这些工作在几分钟之内完成。现在，一名高中学生可以用电脑出版发行一份杂志，绘制出复杂的图像，很快写出长篇巨作，还可以在顷刻之间给上百万个朋友发出电子邮件，甚至可以逼真地模拟F-16战斗机进行空战演习。计算机也一直被看做领导者加强权力的一种力量，少数人可以通过计算机掌握千百万人的档案，可以监督他们的各种行动。计算机网络系统打破了少数人的特权。一个普普通通的公司职员可以通过计算机接触到各种各样的业务资料，了解整个公司的运转情况，还能够通过电子信箱把自己的意见传输给公司的最

高领导层。他甚至可以获取机密，并且把它们透露出去。

电脑网络系统给掌握权力的人增加了压力。一方面，他们需要自己机构中所有的人都掌握最新技术以提高工作效率；另一方面，又要防止新技术对自己的权威提出挑战。因此，计算机网络技术的发展给掌握权力的人们出了一道难题——如果防止自己的下属掌握最新技术，自己就将在经济上遭受严重损失；而要推广这些新技术，就不得不把自身情况向整个社会公开。计算机网络技术使每个人的权力扩大了，使各个机构内部组织的形式变得复杂了，这是令所有主管人员感到头疼的问题。

还有，电脑网络系统传递的电子信函随时可能被别人"拆开"阅读，使个人隐私和其他机密难以得到有效的保护。在信息高速公路时代，每个人都成了一本可以被任何人打开的书，人们可以对他人的个人情况一览无余，因此再也没有什么秘密可言。当然，也可以使用现代技术来保护人们的隐私权，开发加密技术就是其中的一种手段。这可以使人们的谈话或电子信息不被外人监听或截取，也可以对各种需要保密的资料加以控制。但这种加密技术又给社会带来了新的麻烦：如果有关部门的窃听设施失效，监控系统不起作用，那么，社会上各种歹徒将大摇大摆地各行其是，这意味着对恐怖分子、绑架者、勒索者、黄色节目制作者的犯罪行为大开了方便之门，对社会安全的保障是个不可忽视的危险。

电脑网络可以通过复杂的通讯线路将全世界上亿的人联系起来。在这个网络上，所有的信息来源都可以像广播电台的节目一样迅速传播出去。每一个普通用户都相当于一个广播电台或电视台。这样一来，对于各种内容的随意传播几乎就无法控制了，人们有理由对此感到忧虑。假如色情作品通过网络大肆传播、诬蔑性、诽谤性、骚扰性言论漫天流行，无疑将对社会造成极大危害。那么，是否需要严格控制电子信息的传播呢？当然要。然而要达到这个目的，代价是相当昂贵的。

因为要解决这样的问题，利用传统技术是无能为力的。不过现在已经出现了一种叫做"防火墙"的智能过滤软件，它能去掉那些不希望让人看见的内容，使各种非法的和有害的信息都被拒之"墙"外。但道高一尺，魔高一丈，今后这道魔之间的较量又会出现一种什么结果呢？

电脑网络作为教学手段是非常方便有效的，但它有可能使人们的思维能力和表达能力下降。这种电脑教育方式造成的后果或许为人们始料不及。多媒体电脑的一张5英寸光盘可以储存一部百科全书的内容。人们只需敲几下键盘，用鼠标一点，就能查出有关的条目。它同时还能播放出声音和图像。在教育方面，它的竞争力已大大超过了电视。但有人认为，多媒体在教育上很可能弊大于利。从文学创作的状况来看，哪怕只是部分放弃叙述形式的教学和严格的逻辑思维，就可能造成严重的后果。而多媒体提供的内容恰好正是对情绪的影响，而不是理性分析与逻辑思维。对于培养学生的严密思维能力和丰富的表达能力，这不能不说是一种缺陷。

电脑网络一旦普及，必将最终改变人们的认知习惯、哲学观念，甚至行为方式。电脑使用二进位字符，二进位字符是无形的，它只由0、1两个数字构成，用如此简单的数字材

料却记载了信息时代的一切内容。各种文字、图像、表格、激光唱盘、多媒体光盘等等一切信息载体，都离不开这两个简单的数字。二进位数字的广泛使用使现代社会发生急剧变化，原来存在的三维空间世界，似乎一下子变成了四维空间——多了一个新的电脑空间，即那些由0和1两个字符组成的空间。这个空间虽然是看不见、摸不着的，人们却把它当做一个最基本的工作场所。

这种现象的出现当然就提出了一个新的问题：既然任何一个键盘都可以将字符输入，可以对文字或图像进行任意修改而且不留一点痕迹，那么，电子图像是否还能作为可靠的物证呢？既然构成知识产权的字符可以在千百万台电脑上被复制，那么，是否还能有效地保护知识产权呢？既然字符作为信息可以像电流一样流向全世界，那么，政府怎样对它们征税，怎样限制它们的内容，又怎样保护其所有权？

这一切问题都需要更新、更高的技术来解决。从理论上说，技术是无所不能的。这当然需要付出更艰辛的劳动和更高昂的代价。

多媒体和信息高速公路是一场划时代的革命，它不仅正在改变人们的生活方式、价值观念、经济构成，而且正在改变人们对客观世界的认识，赋予人们千百年来习以为常的工作环境以新的意义，甚至对法律提出新的研究课题，要求制定新的法律和法规。

比尔·盖茨知道，要迎接这个世纪大变革，就必须开发出真正意义上的多媒体软件，投入到信息高速公路的建设之中。

1995年8月，微软公司的多媒体操作系统——视窗95问世，给全世界带来石破天惊的震撼。

视窗95推出这一天，在纽约最高建筑之一的帝国大厦上，竖起了用微软公司商标做成的巨大霓虹灯广告。他们将英国著名的"滚石"乐队的一支流行曲买下，作为广告专用，反复演奏，在美国主要电台、电视台进行密集的广告宣传。微软公司为这套软件的促销，花费了35亿美元。比尔·盖茨还亲自出马，充当超级推销员。足见微软对这套软件的重视程度。

关注中国

经过多年努力，微软公司在一些主要国家已站稳了脚跟，在意大利、澳大利亚、加拿大、墨西哥、荷兰和瑞典还设立了分部。

这一次，一向目光长远的比尔·盖茨又盯向了中国。中国是拥有世界五分之一人口的大国，20世纪90年代后，这里的计算机市场有了急速的发展。

1992年，微软公司在北京成立了代表处，标志着微软正式向中国市场进军。微软的MS-DOS操作系统以及视窗1.0、视窗2.0和视窗3.0在中国都非常走俏，中国的计算机几乎都离不开微软软件系统的支持。

进入中国后，为了更好的开拓市场，微软又采取了一系列措施，比如开发本地化软件版本，即中文版；举办各种类型的技术讲座、研讨会，为用户提供全面的服务；设立微

软大学和培训中心，培养会操作微软设备的人才；为微软培养产品销售方面的人才；与中国的新闻出版单位合作，编发各种技术资料；与中国知名厂商合作从事产品的研究开发等等。微软的这一系列举措使微软在中国的事业发展很快，也促进了中国的计算机行业的发展。

在推出视窗95之前，为了进一步了解中国的计算机市场，进一步推动微软在中国的事业，比尔·盖茨决定亲自访问中国。

1994年3月21日晚，比尔·盖茨以休假旅游的名义来到中国。不过，明眼人都知道，比尔·盖茨是到中国了解计算机行情来了。他这次来中国只带了翻译，没有随行人员。一身美国流行的休闲时装打扮，外套里穿着一件普通衬衣、牛仔裤、运动鞋。

比尔·盖茨一到中国，就吸引了人们关注的目光：毕竟他当时已经是世界上数一数二的大富豪了，是世界上最大的软件公司的总裁。

3月22日，比尔·盖茨到中科院参观，并同周光召院长会谈。他在中科院参观了语言识别系统，发现中国的软件工程具有极大的潜力，他连声称赞，说远未看够，并希望更深入地了解中国同行的工作。下午，他主持了一个软件发布会，并回答了中外记者提出的问题。

3月23日，比尔·盖茨在早餐会上会见了十多位中国著名的软件工作者。饭后，他到北京香格里拉饭店做专题演讲，题目是《90年代微机工业展望》，来自全国各地的一千多名电脑工作者出席聆听。

比尔·盖茨的讲演有许多独到之处，给中国电脑界同行带来不少新的信息。他阐述了大量新的见解，对20世纪90年代电脑发展的趋势做了预测，还演示了视窗——NT对三部影片同时剪接、处理的强大的多媒体功能。他的演讲和演示博得阵阵掌声和喝彩。演讲结束，他受到了江泽民主席的亲切接见。

1996年12月8日，当时的中国电子工业部与微软公司签订了一份合作备忘录，双方同意合作开发视窗95中文软件，这在世界上引起了不小的轰动。这标志着微软要抢占中文软件这个巨大的前途无量的市场了。

❋ 退休后的新征程 ❋

2008年6月27日，微软创始人、董事长比尔·盖茨（Bill Gates）宣布正式退休，他将淡出微软日常管理工作。现任CEO、盖茨大学好友史蒂夫·鲍尔默（Steve Ballmer）将全面接掌微软大权。在宣布这一消息的时候，盖茨显得相对镇定，但是却掩盖不了某些哀伤的气氛，一些员工甚至热泪盈眶。

退休后的比尔·盖茨将把自己580亿美元的财产全数捐给其名下的慈善基金——比尔及梅琳达盖茨基金会，同时，盖茨本人也将全身心投入到慈善事业中去。微软的一名员工说："毫无疑问，他的慷慨使得数十万人重获生命。"随后不久，股神巴菲特宣布，将捐款300亿美元给比尔与梅琳达盖茨基金会，前提是盖茨夫妇还活着！

此后，按约定，盖茨每周只会到微软上班一天，其他时

间将放在慈善事业上。比尔与梅林达基金会资助的对象主要有四个领域：第一是改善全球健康状况。着手研究艾滋病、疟疾、肺结核、癌症等疾病的治疗途径，尤其是向非洲、亚洲等发展中国家大力捐资；第二是加大教育投资。创建更多的面向低收入阶层子弟的中学并减少因经济问题而上不起大学的现象；第三是促进信息业的发展。尤其是着力扩大互联网的普及，让所有的人，不分种族、性别、年龄或贫富，都能拥有获得信息技术的途径；第四是改善美国太平洋西北地区的现状。那里是盖茨的老家，自然要特别关照，基金会将向当地社区和贫困家庭提供多种形式的捐助。

世人对盖茨的评价褒贬不一。有人说他是成功的企业家，有人说他垄断行业、欺凌弱小；有人说他是"最慷慨的慈善家"，有人说他是一个虚伪的人——他的慈善之举只是有史以来最昂贵的公关活动；有人说他是当之无愧的全球首富，有人说他只会贪婪地在股市中套现，从微软用户的身上榨钱……但是就像美国人说的那样："不管你是爱他，还是恨他，你都无法漠视他——这就是比尔·盖茨的魅力。"

沃伦·巴菲特曾评价比尔·盖茨说："如果他卖的不是软件而是汉堡，他也会成为世界汉堡大王。"言下之意，并不是微软成就了盖茨，而是其令人惊叹的商业天赋成就了这个世上最富有的人。也许我们应当羡慕和期待拥有的不是他富可敌国的巨额财产，我们看到应该是他对事情的专著执著和时刻向前冲的耐力勇气，他有着把一切不可能变为可能的巨大魔力！

1955年　10月28日，出生于美国西北部的华盛顿州首府西雅图市。

1962年　7岁　进入里奇景小学学习。

1966年　11岁　进入私立湖滨中学学习。

1968年　13岁　在湖滨中学开始接触电子计算机，并为之着迷。在学校的计算机上编制了第一个软件程序，用于玩三联棋。

1973年　18岁　进入哈佛大学法律预科学习。

1975年　20岁　与艾伦合伙创办微软企业。

1976年　21岁　为罗伯茨的公司编制BASIC语言。

1977年　22岁　正式办理哈佛大学退学手续。

1978年　23岁　微软总部迁往西雅图。同年，与日本电器公司合作在日本开辟微机市场。

1980年　25岁　微软与IBM公司签约共同研制个人电脑。

1981年　26岁　7月1日，微软由开始的合伙制企业改制为正式的公司，在华盛顿州注册。这一年的8月12日，IBM宣布新的个人电脑问世，所用的软件是微软的产品。

1982年　27岁　1月22日，微软与苹果计算机公司合作。

1983年　28岁　6月，微软宣布开发出第一个鼠标器，叫总线鼠标。

1985年　30岁　11月，微软的视窗软件正式上市。

1986年　31岁　1月，微软向社会发布股票上市公告。3月13日，微软的股票首次在纽约股票交易所上市，尔后一路飙升。

1987年　32岁　10月，被美国《福布斯》杂志列入美国400名富翁的第29位，当时拥有股票的价值超过10亿美元。

1990年　35岁　5月，视窗3.0在纽约演示，随后推上市场，热销，最高纪录时每天能卖出1万到1.2万拷贝。

1992年　37岁　微软北京代表处成立。当年成为美国最富有的人，股票大约值60亿美元。6月22日，获美国国家诺贝尔技术奖。

1994年　39岁　1月24日，与美琳达·弗伦奇结婚。3月，第一次赴中国访问。这一年已有83亿美元资产，成为世界首富。

1995年　40岁　8月24日，视窗95发布。4天内，全球销售突破100万套。同年，撰写的著作《未来之路》出版，该书连续7周位居《纽约时报》最畅销书第一名。

1998年　43岁　5月，美国司法部和20个州一起，向联邦地方法院提交对微软公司垄断行为的全面彻底的指控。

1999年　44岁　携"维纳斯"计划到深圳，后在中国遇到"女娲"阻击。同年，《未来时速》出版，该书用25种语言印刷。

2000年　45岁　1月，把原先的两个基金会合并，成立"比尔及美琳达·盖茨基金会"，使之成为世界上最大的慈善基金会。6月，地方法院法官作出判决：将微软分割为两家公司以纠正其违法行为。微软面临被"肢解"的危险。

2001年　46岁　11月2日，美国司法部和微软公司达成庭外和解。

2002年　47岁　美国《商业周刊》评选50位最受欢迎的慈善家，盖茨和美琳达名列榜首。

2004年　49岁　3月，欧盟决定对微软处以6亿多美元巨额罚款，理由是微软滥用其个人电脑操作系统的垄断地位。12月，比尔及美琳达·盖茨基金会向印度洋地震海啸灾区捐赠300万美元。

2005年　50岁　1月27日，在瑞士达沃斯举行的世界经济论坛上，比尔·盖茨承诺从个人财产中捐出7.5亿美元，用于为第三世界国家购买急需的疫苗。3月10日，美国《福布斯》杂志公布2005年度全球富豪排行榜，比尔·盖茨继续排在首位，财富总额为465亿美元。这是他连续第11次位居这一排名榜榜首。

2008年　53岁　6月27日，宣布正式退休，把自己财产全数捐给其名下慈善基金"比尔及梅琳达盖茨基金会"，全身心投入到慈善事业中。